우리의
새빨간
비밀

프랑스
페미니스트의
유쾌한
생리 안내서

우리의
새빨간
비밀

잭 파커 지음 · 조민영 옮김

시공사

엄마에게, 모든 것에 감사하며
아빠에게, 그 밖의 것에 대해 감사하며

CONTENTS

들어가며

나는 2002년 8월 15일 마르세유의 프라도 해변에서 첫 생리를 했다. 열다섯 살 생일을 며칠 앞둔 때였다. 내 친구들은 다들 열 살에서 열두 살 사이에 생리를 시작했기 때문에 내가 그 순간을 손꼽아 기다려왔고, 실은 살짝 풀이 죽어 있던 참이라 해도 과언이 아닐 것이다. 몇 년 전부터 대체 언제 생리를 시작할까 오매불망 기다려왔지만, 어른들은 나보고 운 좋은 줄 알라고 했다. 막상 생리가 시작되면 그 환상은 무참히 깨질 테니, 생리 없는 꿈 같은 시절을 마음껏 누리라면서 말이다.

하지만 왠지 나만 소외된 것 같았다. 나도 세상 모든 여자들과 같아지고 싶었고, 무엇보다도 '여자'임을 느끼고 싶었다. 왜냐하면 내게 생리는 언제나 여자의 전유물이었고, 어린아이에서 성인으로 넘어감을 의미하는 통과의례 같은 순간이었기 때문이다. 게다가 어린아이라고 하기에 열다섯은 이미 나이가 너무 많았다. 아직 가슴도 엉덩이도 나올 기미가 보이지 않았을

뿐더러 내 자궁은 발동을 걸 의사가 없는 것 같았지만, 그럼에도 열다섯은 너무 많은 나이였다.

나는 내가 섹스를 할 준비가 되었다고 생각했다(그렇다고 내가 열다섯에 섹스를 했다는 건 결코 아니지만, 어쨌든 그건 별개의 문제다). 그리고 최초로 피 한 방울을 흘리기만 하면, 여자로서 내 몸에 일어나는 모든 문제들을 느낄 수 있을 만큼은 내 몸이 내 정신 상태를 따라갈 수 있기를 바랐다. 생리를 시작하면서 이제 드디어 여성잡지에서 읽은 이야기들이 딴 세상 이야기가 아니게 되었단 사실만으로도, 내 마음은 기쁨으로 가득 찼다.

그리고 마침내 왜 친구들이 내가 생리를 하지 않는 걸 부러워했는지, 왜 어른들이 생리를 하지 않는다고 해서 전혀 조급해할 필요가 없다고 장담했는지 충분히 이해하게 되었다.

생리를 시작한 첫해에 나는 생리가 내리는 삼위일체의 축복을 흠뻑 받았다.

일단 아무것도 못 할 정도로 생리통이 극심했다(두세 번 정도 기절 직전까지 갔다).

게다가 생리는 평균 일주일이나 지속됐다.

마지막으로 생리는 완전히 불규칙적이었다. 어떤 때는 40일 만에 한 번 왔다가, 또 어떤 때는 느닷없이 한 달에 두 번 오는 바람에 피가 새버리는 끔찍한 상황도 있었다.

갑자기 생리를 하는 바람에 버린 옷이 몇 벌인지 셀 수도 없다. 친구의 침대에서 자다가 침대보를 피로 물들인 적도 있고, 고등학교 때 이탈리아어 수업시간에 의자를 피범벅으로 만든 일은 그야말로 최악이었다. 피가 살짝 묻거나 청바지가 엉망진창이 되는 데 대한 걱정이야 대수롭지 않게 넘어갈 수도 있을 것이다. 하지만 친구들, 특히 남자아이들의 거부감에 대한 두려움과 수치심도 분명 나를 힘들게 했던 것 같다. 대화를 하다 생리라는 말만 나와도 분위기는 갑자기 싸늘해졌고, 다들 혐오스러워하며 소리를 질렀다. 그러니까 이런 약점을 몸으로 내보인다는 건, 남은 학기 내내 얼굴에 과녁을 붙이고 다니겠다는 것과 다름없는 짓이었다.

나도 이런 거부감이나 상처를 주는 대화에 몇 번 가담한 적이 있다. 어느 날 어떤 애가 몸에 딱 붙는 바지를 입고 학교에 왔는데, 그 위로 생리대가 비치자 나는 하이에나처럼 낄낄거리며 단 1초도 망설이지 않고 그 자리에 있던 다른 친구들에게 그녀를 가리키며 놀려댔다. 당연히 그래도 된다고 생각했다. 어쨌든 카디건 같은 걸 허리에 둘러 생리대를 한 모습을 가리지 않은 건 그 애의 실수니까.

그리고 생리 때문에 일상생활이 잠시 중단되는 일도 몇 번

있었다. 예를 들면 외출을 꺼리거나 수업에 빠지거나, 탐폰을 어떻게 사용하는지 몰라서 해변에 놀러 가지 못한 적도 있었다. 심지어 생리 때문에 남자친구한테 차인 적도 있다. 내가 이틀 연속 남자친구의 무릎에 앉기를 거부하자 남자친구가 엄청 거리감을 느낀 모양이었다.

그때 남자친구는 내가 생리 중이라는 사실을 몰랐다. 내 피를 남자친구한테 묻힐 수 있다는 생각이 너무도 끔찍해서 차마 말을 할 수 없었던 것이다. 생리를 하는 동안에도 아무 일 없는 것처럼 일상을 살고 싶은 마음과, 생리를 한다는 사실이 들통날지 모를 위험을 피하기 위해 집구석에 틀어박혀 있고 싶은 마음 사이에서 나는 늘 괴로웠다. 약속을 취소하거나 내 행동이 수시로 변하면, 사람들은 왜 그러는지 이유를 꼬치꼬치 캐물을 게 뻔했다. 그리고 그게 내 자궁에서 흘러나오는 피 때문이라고 실토해야 한다는 생각만 하면 나는 꼼짝도 할 수가 없었다.

내 또래 남자애들한테 생리에 대해 말한다는 건, 아니 생리를 한다는 사실이 발각된다는 건 한 여자아이가 겪을 수 있는 최악의 수치심을 불러왔다. 하지만 그 수치심은 나와 성별이 같은 존재들의 입을 다물게 하는 최고의 구실이기도 했다. 여성들이 부정적인 감정들을 다소 맹렬하게 표현하거나, 불만을 표출하거나 혹은 단지 존중해달라고 요구하는 날엔, 곧장 이런 의문이 날아든다. "너 생리하냐?"

우리는 짜증 내거나 화내거나 항의하거나 욕할 권리가 없으며, 우리의 자궁과 관련되지 않은 공격에는 대응할 권리가 없다. 사람들은 마치 우리가 자신의 감정을 전혀 자제하지 않고, 생리를 하기 때문에 당연히 감정을 통제하지 못하며, 이 자연적인 신체 현상이 기생충처럼 우리 뇌를 조종한다고 생각하는 것 같다.

그래서 우리는 침묵하고, 미소 짓고, 긍정적인 영향을 미치지 않을 감정들은 억누르라고 배웠다. 남자에게 충격을 주지 않고 유혹하는 법을 익히고, 생리를 하거나 생리혈을 묻히거나 피를 콸콸 쏟아내는 일 따위는 없는 반듯한 여성의 이미지를 가꾸라고 배웠다. 무례한 훈계를 일삼는 자들에게 미소를 지으며 부드럽게 대응하는 법도 배웠다. 그러나 무엇보다도 우리의 몸과 생리는 부끄러운 것이라고 배웠고, 기능적이고 정상적인 건강함을 수치스러운 것이라 배웠다.

가방에서 다른 물건을 꺼내려다 생리대나 탐폰을 떨어뜨려서 식은땀을 흘려보지 않은 사람이 있을까? 마트에 생리대를 사러 갔다가 계산대에서 생리대가 보이지 않게 하려고 필요도 없는 물건을 더 사본 경험이 없는 사람이 있을까?(물론 건강하고 성숙한 성생활을 하는 사람이라면 전혀 부끄러워할 필요가 없는 콘돔을 살 때도 민망하기는 마찬가지다) 다른 사람들한테 들키지 않으려고 친구들끼리 비밀 신호를 만들어 생리대나 탐폰을 주고받아 본 경험이 없는 사람이 있을까?

우리 대부분은 자신의 신체적 기능, 특히 생리를 끊임없이 다른 것으로 위장하며 자라왔다. 배변 문제라고 말하거나, 우스갯소리처럼 치부하거나, 괜스레 딴청을 피우거나, 생리 주기에 관련된 어떤 단어만 나와도 얼굴을 찌푸리는 사람들 얘기를 들어본 적이 있을 것이다. 그러니 생리를 주제로 책 한 권을 쓴다고 하는 말에 벌써 약간 질려 하는 사람이 있다 해도 별로 놀랍지 않다.

2015년 봄, 내가 주변 사람들에게 생리에 관한 블로그를 만들 거라고 얘기하자 사람들은 나를 외계인 보듯 했다. 하지만 나는 페미니즘과 관련한 문제들을 알리기 시작하면서부터 이미 이런 시선에 익숙해 있었다.

1년 뒤, 내가 이번에는 생리에 관한 책을 쓰고 있다고 알리자 사람들의 눈은 더 휘둥그레졌고 눈썹은 더 일그러졌다. 혐오스럽다는 듯 인상을 썼을 뿐만 아니라 수많은 질문을 퍼부었다. 많은 사람들이 내 대답을 듣고도 "근데… 그런 책을 왜 쓰는 건데?"라고 물었다. 사람들은 왜 내가 그런 주제로 글을 쓰려 하는지 이해하지 못했다. 짧은 글 한 편이면 될 걸 굳이 책까지 쓸 이유가 있나? 과연 생리를 주제로 책 한 권을 다 채울 만큼 할 말이 있을까? 그런 건 둘째 치고, 왜 공연히 이런 주제로 야단법석을 떨고 그런담?

사실 프랑스에서는 어떤 부분에 아직도 금기가 존재하고, 그것이 얼마큼 사람들을 구속하는지 깨닫기가 여전히 어렵다. 그런 문제들은 이미 다 해결되었다고 생각하는 것이다. 하여간 텔레비전에 생리대 광고가 나오고(피 대신 파란색 액체가 나오는 데다 무슨 광고인지 알 수 없을 정도로 내용을 심하게 완화하긴 하지만), 학교에서는 성교육 수업을 하며, 빼곡히 들어찬 생리대 때문에 마트 선반이 무너질 만큼 생리용품을 구하기도 쉬워졌으니 말이다. 물론 생리에 대해 대놓고 말하면 여전히 사람들 표정이 이상해지긴 하지만, 그건 정상이다. 생리는 사생활의 영역에 속하고, 저녁식사 자리에서 그런 얘기를 하기는 좀 민망하니까.

그래도 그렇게 단순한 문제가 아니다. 생리는 생리와 관련 없는 사람의 관점에서나 생리를 하는 사람의 관점에서나, 늘 부정적이고 혐오스럽고 거부감을 주는 이미지로 뒤덮여 있기 때문이다. 순전히 생물학적 관점에서만 보더라도, 사람들은 아직 생리에 대해 너무 많이 모른다. 예를 들어 자궁내막증처럼 생리와 관련된 질병 문제에 대해서도 이제 막 입에 올리기 시작한 형편이다. 많은 여성들이 수십 년 동안, 심지어 평생 자궁내막증으로 인한 통증은 정상이 아니란 사실을 모른 채 묵묵히 고통을 견뎌왔다.

많은 아이들과 청소년들이 자기 몸과 생리를 두려워하거나 혐오하며 성장한다. 아무도 무슨 일이 일어나는지 별로 진지하게 설명해주지 않고, 부끄러워할 필요가 없다는 걸 가르쳐주지도 않기 때문이다. 정작 광고나 우리의 사회적 환경이 가르치는 건 다음과 같다. 생리는 감춰야 하는 것이고, 당신이 생리를 한다는 사실은 가능한 한 적은 소수의 주변 사람만 알아야 하며, 무엇보다도 그런 사실을 입 밖에 내선 안 된다고 말이다.

엄밀하게 여성의 관점에서만 본다면(생리가 여성만의 문제가 아니란 사실은 뒤에서 다룰 예정이다) 생리는 뭔가 비정상적이고 괴물 같은 것이다. 생리는 한 여성이 '가져야 하는' 모습과는 정반대를 상징하기 때문이다. 우리 사회의 규범에 부합하려면 여성은 조신하고 세련되며, 패션과 뷰티(털, 피부, 머리카락, 체취 등)의 엄격한 기준에 맞지 않는 것은 모조리 고쳐야 하고, 감정을 통제하고 다스릴 줄 알아야 한다. 그런데 생리가 상징하는 것은 정반대다. 말하자면 불결함, 핏자국, 냄새, 출혈,

변덕스러움 같은 것이다. 그래서 필연적으로 언론이나 전문적인 보도, 때로는 주변 사람들의 이야기를 들으며 자랄 수밖에 없는 여자아이들은 막상 생리를 시작하면 트라우마가 생길 수도 있다(생리가 늦어지면, 나중에 기대에 어긋나는 현실과 마주할 각오를 하면서도 하루빨리 생리를 하고 싶어 안달할 수도 있지만 말이다).

우리는 잡지 속의 여성이 되기를 상상하지만 괴물이 되어가는 자신을 발견하고, 자신이 비정상적이고 역겹고 사회에서 소외된 것 같다고 느낀다. 생리는 사회의 규범과 전혀 연결되어 있지 않고, 또 큰 말썽 없이 평탄한 미래를 맞기 위해 갖춰야 하는 이상적인 '여성'의 이미지와 결코 나란히 놓일 수 없기 때문이다. 이런 기준들(몸무게, 피부색, 성적 성향 등에 따른)에서 조금만 벗어나도 여성스럽지 못하다는 말을 듣는데, 생리를 '여성스러움'의 범주에 포함시키는 건 꿈도 못 꿀 일이다.

또 하나 덧붙여야 할 것은, 생리를 시작하면 많은 여성들이 "넌 이제 여자야!"라는 말을 듣게 된다는 사실이다. 하지만 당사자의 마음은 혼돈 그 자체이고, 이 문제에 어떻게 대처해야 하는지도 모른다. 특히나 일반적으로 생리는 모든 게 극적으로 여겨지고, 모든 게 목숨을 걸 정도로 중요하다고 느껴지는 나이에 찾아온다. 그러니 아주 사소한 부정적인 요소라도 불

행하게 느낄 수 있다.

　그러나 이 경우는 프랑스 같은 나라에서 자란 소녀들에게나 해당된다. 생리 문제가 훨씬 더 중대한 사안이라는 걸 알아보려면 좀 더 먼 곳으로 눈을 돌리기만 하면 된다. 어떤 곳에서는 생리가 생사를 가르는 문제가 될 수도 있기 때문이다.

　아직도 어떤 나라들(우간다, 인도, 네팔 등)에서는 여자들이 생리를 하는 동안 격리된다. 사람들이 생리하는 여성을 불결하다고 생각하며, 남자들이나 식량, 가축에 나쁜 영향을 끼칠까 봐 두려워하기 때문이다. 이 나라들에서는 생리용품을 구하기가 하늘의 별 따기여서 여성들이 생리대 대용으로 헝겊이나 종이를 사용하기도 하고(이 경우 장단기적으로 매우 심각한 문제를 일으킬 수 있는 감염이 발생하기 쉽다), 심지어 생리 기간 내내 움막 같은 곳에서 홀로 지내면서 생리대라 할 만한 것 없이 다져진 땅에다 그냥 피를 흘린다.

　따라서 많은 여성들이 한 달에 적어도 일주일은 수업에 빠져야 하고, 그러다 보니 수업을 따라가지 못해 학업을 포기할 수밖에 없는 경우도 다반사다. 소녀들을 교육하는 전문기관들이 다방면에서 애를 쓰고 있지만, 이런 여성들은 상급 단계에는 접근조차 할 수 없을뿐더러 학교 교육에서 소외됨으로써 악순환을 벗어나지 못한다.

시선을 세계로 돌리건 우리 사회로 돌리건, 생리는 여성이라면 누구나 겪는 보편적인 현상이다. 우리는 개인의 성장을 위해, 그리고 우리 주변의 생리하는 여성들에게 보다 긍정적인 영향을 미치기 위해 모두에게 생리가 무엇인지 알림으로써 도움이 되도록 노력할 것이다. 이런 영향력은 조금씩 확장될 수 있고 우리의 관점도 바뀔 수 있으며, 이런 묘안을 갖고 있다면 우리 앞에 놓인 사회 문제들을 바라보는 관점들을 조금이나마 바꿀 수도 있을 것이다.

이것을 출발점으로 보자. 하나의 계기로 삼자. 브레인스토밍의 소재로 여기자. 저녁 모임에서 꺼내기에는 다소 평범하지 않은 주제일지 모르겠다. 하지만 이 문제는 분명 되짚어볼 이유가 있다.

바야흐로 이 금기가 유물들 속으로 사라져 가는 시대가 왔다. 이제 죄의식을 느끼고, 콤플렉스로 여기고, 어떻게든 감추려 하는 등의 행동은 멈춰야 할 때다. 자궁을 가진 사람이건 아니건 간에.

내가 말하고 싶은 생리는…

여기까지 읽으며 진작 눈치챘을지 모르지만, 나는 이야기를 하면서 가능한 한 젠더를 구분하지 않으려고 노력했다. 우

선《우리의 새빨간 비밀》은 모든 사람에게 말하는 책이며, 이런 주제를 다룬 책에서 기대할 수 있는 것처럼 '여성의, 여성을 위한' 책이 아니란 사실을 강조하고 싶었기 때문이다. 그러나 무엇보다 생리와 관련된 모든 사람을 아우르고 싶은 마음이 가장 컸다.

정상적인 기능을 하는 자궁이 있다고 해서 다 여자가 되는 건 아니다. 많은 사람들이 자궁을 갖고 태어났음에도 여자라고 느끼지 못한다. 또 음경을 갖고 태어나지만 남자라고 느끼지 못하는 사람도 많다. 따라서 여자가 아니지만(즉 자신이 여자라고 생각하지는 않지만) 생리를 할 수 있고, 생리를 하지 않지만 여자가 될 수 있다. 생리는 '여성만의 문제'가 아니다. 어디서나 그런 소리를 듣게 마련이지만 말이다.

생리라는 주제는 우리가 생각하는 것보다 훨씬 광범위하고, 생리와 관련된 사람도 엄청나게 많으며, 젠더의 문제에만 한정되지 않는다. 또한 이 문제를 한두 가지 방식에만 초점을 두고 보는 것으로는 충분하지 않다. 아이를 가지려고 노력 중이거나, 아이를 키워야 하거나, 생리하는 사람을 도와야 한다거나…. 생리에 대해 알아야 할 이유는 셀 수 없을 정도로 다양하다.

나는 생리의 여성적인 측면을 엄격하게 강조하지 않으려고 최선을 다했다. 하지만 보시다시피 어떤 주제들에 대해선 좀 엄격하게 다뤄야겠다는 생각이 들기도 했고, 다른 방식을 도입하는 데 늘 성공하지도 못했다. 따라서 내가 이 책에서 하는 말 때문에 언짢은 사람이 없기만을 바란다.

생리를
이해하기

자, 처음부터 시작해보자. 사람들이 '생리'라 부르는 이 미스터리한 과정은 대체 뭘까? 생물 수업 내용을 기억하는 사람이 있다면 아마도 어렴풋이 떠오르는 용어로 대답할 수 있을지 모르겠다. 기억나지 않는 사람들을 위해 간단하게 요점 정리를 해보자.

첫 번째 생리, 즉 초경은 자궁을 갖고 태어난 무한한 영광을 누리는 모든 사람이 거쳐야 하는 경이로운 통과의례다. 생리를 한다는 건 가임기의 시작을 알리는 신호탄이나 다름없다. 소녀에서 여자로의 변화를 이야기할 때 특히 이 '생명의 위대한 기적'이라는 말이 단골로 등장한다. 그런데, 나중에 다루겠지만 이런 식의 표현들은 이제 사라져야 한다. 많은 소녀들이 너무 일찍 생리를 시작하는 데다, 생리를 하는 모든 여성이 자신의 여성성을 자각하고 있지는 않은 까닭이다.

그렇다면 생리는 어떤 과정으로 진행될까?

생리, 그러니까 '월경menstruation'이라는 용어는 '월月'을 뜻하는(즉 '달'을 뜻하는 그리스어 mene와 유사한) 라틴어 mensis에서 왔으며, 수정이 되지 않았을 때 사춘기에서 폐경기까지 한 달에 한 번 질을 통해 출혈이 일어나는 것을 말한다. 생리 주기가 28일(평균적으로 알려진 주기가 28일이라는 것이지 모든 사람이 그렇다는 것은 아니며, 연령에 따라 달라질 수 있다)이라고 할 때, 생리 과정은 크게 3단계로 나뉜다.

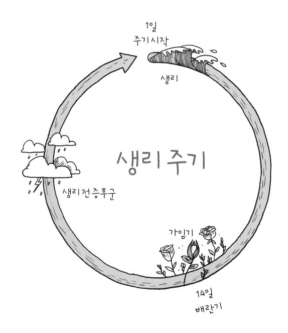

1단계: 월경(1~6일째). 수정이 일어나지 않으면 자궁내막(자궁의 내벽을 덮고 있는 점막)의 표피층이 허물어지면서 이 기간 내내 생리혈이 흘러나온다.

2단계: 난포기(7~15일째). 배란 전기preovulatory라고도 불린다. 자궁내막이 6~10배 정도 두꺼워지기 시작하는데, 앞으로 배란할 준비를 하는 것이다.

3단계: 배란이 일어나고 비로소 황체기에 접어든다(16~28일째). 배란은 난소(주기마다 좌우 난소에서 번갈아 가며 한 개씩 배란된다)에서 난자가 배출되는 것이며, 배출된 난자는 수란관으로 짧은 여행을 시작한다. 즉 여성의 문을 두드리는 남자가 없다면 이 난자와 함께 자궁내막의 표피층이 떨어져 나가면서 생리를 하는 것이다. 정자에게 바람맞은 자궁이 매달 대청소를 하는 것 같다고나 할까!

이것은 생리 주기가 아주 규칙적이고, 어떤 장애물이 자그마한 난자의 진로를 가로막는 건강상의 문제가 없는 경우를 가정한 단순화한 설명이다. 중학교 과학 수업에서는 우리 몸에서 모두 비슷한 일이 일어난다는 것을 보여주기 위해 위와 같이 설명하는데, 이것은 자신의 주기를 더 잘 이해하는 데 참조할 수 있는 큰 뼈대라고 보면 된다. 하지만 많은 청소년들이 이런 이야기를 들으면서 자기 몸이 비정상이라고 생각하게 된다. 왜냐고? 자기 몸은 절대 이런 과정을 겪지 않기 때문이다.

우선 생리는 처음 시작한 뒤 몇 년이 지나야 규칙적이 된다는 사실을 알아야 한다. 이것은 전혀 비정상이 아니며, 어떤 사람들은 평생 생리 주기가 불규칙하기도 하다. 규칙적이냐 불규칙적이냐 하는 것은, 어쩌면 로또와 약간 비슷하다고도 볼 수 있다. 미리 걱정해야 할 이유가 없다면, 생리가 불규칙한 것이 다른 원인과 관련이 없음을 확인하는 차원에서 한번 주기를 분석해봐도 흥미로울 것이다. 흔히 생리 주기가 불규칙한 원인으로 질병, 영양 상태, 불안이나 스트레스, 몸무게 및 고도高度의 급격한 변화, 피로 및 온도 변화 등을 꼽는다.

생리는 어떤 모습일까?

문제의 핵심으로 돌아와서, 두려워하지 말고 진짜 하려던 이야기를 해보자. 대체 생리의 정체가 뭘까?

당신이 아직 생리를 하지 않는다면(혹은 생리를 하지 않는 사람이라면) 고장 난 수도꼭지처럼 피가 계속 콸콸 쏟아져 나오는 장면을 상상하기 쉬울 것이다. 천만다행으로 그렇게 과격

자궁

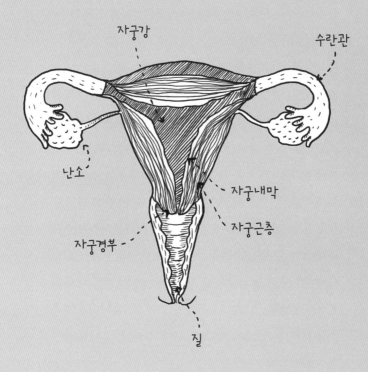

자궁강

수란관

난소

자궁내막

자궁근층

자궁경부

질

한 장면이 연출될 리는 없다. 생리는 코피처럼 나오지 않는다. 만약 그렇다면 생리대를 갈지 않고는 집 밖으로 열 발자국도 나갈 수 없을 것이다. 실제로는 우리가 생리를 하는 동안 평균 30밀리리터 정도의 피를 흘린다고 하는데, 두 큰술 정도의 양이라고 보면 된다. 별로 심각할 것 없는 양이다. 하지만 장담컨대 뭔가 복잡한 문제가 없다면 우리가 매달 쏟아내는 피의 양은 두 큰술이 넘을 것이다. 다시 한 번 말하지만, 30밀리리터는 평균 수치이기 때문이다.

5일 동안 두 큰술 정도라고 하면 별것 아니라는 생각이 들 것이다. 일기예보랑 좀 비슷하다고 보면 된다. 일기예보에서 알려주는 실제 기온과 체감온도가 언제나 다르게 느껴지듯, 생리도 마찬가지다. 어떤 때는 피를 세 바가지나 흘린 것 같은 기분이 들어서, 내가 아직도 멀쩡하게 서 있다는 게 믿기지 않을 때가 있다. 그런가 하면 《잠자는 숲속의 공주》에서 오로라 공주가 물레에 손가락을 찔렸을 때 흘린 피만큼만 생리를 한 경험도 있다. 그래도 생리를 하는 동안의 나와 오로라 공주 사이에 딱 한 가지 공통점이 있다면, 나도 백 년 동안 깨지 않고 푹 자고 싶다는 것이다.

어쨌든 생리 앞에서는 오로라 공주와 내가 전혀 동등한 입장이 아니란 건 확실하다.

이제 색깔 이야기로 넘어가자. 생리혈의 양이 많은 날에는 피 색깔이 대체로 금방 생긴 상처에서 나는 피처럼 아주 새빨 갛다. 그러나 생리 주기 동안 피 색깔은 굉장히 다양하게 변화 한다. 예를 들어 맨 처음에 나오는 피는 거의 갈색에 가깝다. 그래서 소녀들은 속옷에 이상한 게 묻었다고 생각하고 당황스 러워한다. 그리고 점차 피 색깔이 표준적인 빨간색에 근접한 다. 이처럼 생리의 시작과 끝에서 자유로운 예술혼을 지닌 자 궁은 듣도 보도 못한 색깔(약간 갈색빛이 도는)과 물질(약간 끈 적끈적한)을 내놓는다.

또한 생리를 할 때 피 말고 다른 분비물이 나온다는 점도 잊지 말자. 일반적으로 조직(자궁내막은 허물어질 때 마법처럼 뿅 하고 사라지는 게 아니다)이나 자궁경부의 점액이 함께 나오 는데, 이 때문에 생리가 약간 끈적끈적해지는(오히려 몽글몽글 한 덩어리에 가까운) 것이다. 생리혈의 점도는 생리 주기나 개 인에 따라 하늘과 땅 차이다. 액체처럼 묽은 생리를 하는 사람 이 있는가 하면, 클라푸티(프랑스의 디저트로, 블랙체리나 블루 베리가 박혀 있는 모습이 약간 핏덩어리처럼 보이기도 한다-옮 긴이)의 속처럼 몽글몽글 덩어리가 진 것도 있다. 생리는 정말 '마법'이다.

생리를 이해하기

용어부터 짚고 넘어가자

생리라는 주제를 다루면서 우리가 하는 말을 사람들이 더 잘 이해하게 하고, 또 정확한 어휘를 사용해 그 의미를 전달하려면 관련된 용어를 정리해보는 게 좋겠다는 생각이 들었다. 무엇보다 어떤 주제를 분석하거나 그에 대해 공개적으로 이야기하려면, 정확한 맥락에서 정확한 용어를 사용하는 것이 첫 번째 단계이기 때문이다.

- **초경**menarche: 맨 처음 하는 생리를 일컫는 공식 용어로, 성적인 성숙을 상징한다. 고대 그리스어의 mên(한 달, 생리라는 뜻)과 arkhê(처음, 시작이라는 뜻)에서 왔다.
- **과다월경**menorrhagia: 생리가 비정상적으로 오래 지속되거나, 특히 양이 많은 경우를 말한다.
- **월경곤란**dysmenorrhea: 흔히 생리통이라고도 하며, 생리를 할 때 유독 통증이 심한 경우를 말한다.
- **무월경**amenorrhea: 긴 기간 생리가 없는 것을 가리킬 때 쓰는 말이다(임신 기간도 무월경 주간에 포함된다).
- **자궁출혈**metrorrhagia: 생리 기간이 아닌데도 다소 많은 양의 출혈이 있는 것을 말한다. 일반적으로는 비정상적 출혈 또

는 부정출혈이라고 하며, 자궁출혈이 확실하면 의사와 상의해 출혈의 원인이 무엇인지 알아내야 한다.

- **희발월경**oligomenorrhea: 생리 빈도가 지나치게 낮아지는 경우를 말한다(비슷한 말로 과소월경hypomenorrhea이 있는데, 과다월경에 반대되는 말로 생리혈의 양이 지나치게 적거나 기간이 짧은 경우를 말한다-옮긴이).

- **빈발월경**polymenorrhea: 희발월경에 반대되는 말로, 생리 빈도가 지나치게 높은 경우다. 흔히 양이 많아지거나 기간이 길어지는 현상을 동반한다.

- **월경감퇴**spanomenorrhea: 생리 빈도가 점점 줄어드는 것을 말한다(가장 흔한 이유로 폐경을 들 수 있다).

- **점상출혈**spotting: 생리 기간이 아닌 때 극히 적은 양의 피(몇 방울 정도)가 갑자기 나오는 것을 말한다. 주로 피임기구를 사용하다 생긴다.

- **무배란 생리**anovulatory cycle: 난소에서 난모세포가 나오지 않아 배란 과정이 일어나지 않는 생리를 말한다.

- **자궁내막**endometrium: 자궁내벽을 뒤덮고 있는 점막을 가리킨다. 이 점막의 표피가 생리를 할 때 배출되는 것이다.

- **자궁내막증**endometriosis: 자궁내막 조직이 자궁 안에 있지 않고 자궁 밖의 복강에 존재하는 질환이다. 여성에게 매우

흔하며 생리 시 극심한 생리통을 일으키거나, 정상적인 생활이 불가능할 정도로 통증을 유발할 수 있다. 또한 불임이라는 심각한 결과가 발생할 수도 있다.

- **다낭성난소증후군**Polycystic Ovary Syndrome, PCOS **혹은 스타인-레벤탈 증후군**Stein-Leventhal Syndrome: 극심한 생리불순, 여드름, 다모증뿐 아니라 불임을 유발할 수 있는 호르몬 불균형 증상이다(임신을 시도하다 이 질병을 발견하는 여성들이 많다).

- **독성쇼크증후군**Toxic Shock Syndrome, TSS: 혈액 내에 박테리아의 독소가 침투해 생기는 감염성 질환이다. 독성쇼크증후군은 드물게 죽음이라는 치명적인 결과를 초래하기도 한다. 고흡수성 탐폰을 사용하거나 생리 기간 외에 탐폰을 사용한 경우 발병 위험이 폭발적으로 증가할 수 있다.

- **대하**leucorrhea: 자궁경부에서 배출되는 질 분비물(흔히 '냉'이라고도 부른다-옮긴이). 심리적 혹은 병리적 원인 때문에 발생할 수 있다. 매우 자연스러운 현상이지만, 건강 상태를 알려주기도 하므로 유심히 관찰해야 한다. 분비물의 냄새, 색깔, 질감은 생식기관이 건강한지 아닌지를 관찰할 수 있는 훌륭한 지표가 된다.

생리하기 전에 알아두면 좋을 것들

과학이나 생물 수업에서 생리를 배우고 또 다양한 사람들과 생리에 대해 대화를 나눌 수도 있지만, 막상 첫 생리가 찾아왔을 때는 모르는 것투성이다. 심지어 여러 해가 지나 이젠 완전히 익숙해졌다고 생각할 때도 마찬가지다.

따라서 여기에서는 내가 생리에 대해 수년간 질문하고 경험하고 공부하면서, 생리가 어떤 것인지 직접 알아내기 전에 사람들이 알려줬으면 좋았겠다고 생각한 사항들을 이야기해보려 한다.

생리에는 정해진 모습이 없다

당신의 생리는 당신의 엄마, 당신의 친구, 당신의 지인들은 물론 당신이 함께 이야기를 나누는 그 어떤 여성의 생리와도 같지 않다. 생리가 다소 오래 지속된다거나, 불규칙하다거나, 생리통이 심하다거나, 생리혈의 양이 많다거나, 색이 진하다고 해서 불안해할 필요는 없다. 말하자면 당신의 생리는 오직 당신만의 것이며, 당신이 살아가는 동안 충분히 많은 변화를 겪을 것이므로, 미리 다른 사람과 비교하면서 당황하지 않아도 된다.

생리를 이해하기

그래도 너무 걱정이 된다면 주저하지 말고 의사를 찾아가자. 당신은 당신의 몸에서 무슨 일이 일어나는지 알 권리가 있으며, 의사에게서 당신이 원하는 모든 답변을 얻을 권리가 있다.

생리는 냄새 나지 않는다

학교 운동장을 떠도는 소문이나 소비자가 믿어주기를 바라는 광고 내용과는 달리, 생리혈 냄새는 이론적으로 그렇게 지독하지 않다. 피에서는 원래 약간 독특한 냄새가 나지만, 생리컵에 코를 바싹 들이대지 않는 한 거의 냄새를 느낄 수 없다. 지독한 냄새는 건강상의 여러 가지 문제(평소 자신의 생리혈을 주의 깊게 살펴야 하는 이유이기도 하다) 외에도, 피가 산화되면서 발생할 수 있다.

생리혈이 공기나 탐폰, 생리대의 여러 가지 화학성분과 만나면 산화 작용이 일어난다. 밖에 있다가 생리대를 한참 동안 갈지 않은 경험이 있는 여성들이라면 익히 알 것이다. 속옷을 내리자마자 코를 찌르는 냄새 때문에 깜짝 놀라는 일이 다반사이니 말이다. 반대로 주변 사람들이 당신 허벅지에 코를 박고 냄새를 맡지 않는 한, 냄새가 날 일은 거의 없다. 어쨌든 생리를 하는 동안 남들더러 냄새를 맡아보라고 할 일은 없을 테니 말이다.

또한 질에서도 냄새가 난다는 사실을 기억하기 바란다. 분비물에서도 냄새가 나는데, 그렇다고 이상한 일도 불쾌한 일도 아니다. 그리고 일반적으로는, 내가 나의 질 냄새를 맡을 수 있다고 해서 다른 사람도 그 냄새를 맡을 수 있는 건 아니다. 냄새가 몹시 불쾌하고 심하며, 평소와 다른 것 같다면 부인과에 가서 살펴보는 것이 중요하다. 냄새는 감염이나 곰팡이처럼 건강에 문제가 있을 수 있다는 신호이기 때문이다.

배변 문제에 대하여

이 문제는 거의 다루지 않을 작정이지만(왜냐하면 친구들끼리 변기를 들여다보며 비교해보는 일은 드물 테니까), '생리'라는 단어와 '배변'이라는 단어를 한 문장에 놓고 보면, 생리를 하는 사람들은 아마도 무슨 뜻인지 알겠다는 듯 고개를 끄덕일 것이다. '생리 중 배변'이 어떤지는, 자궁이 제 기능을 하는 사람이라면 누구나 알고 있는 사실이기 때문이다.

알다시피 생리통은 고통스럽기도 하지만, 배변활동을 자극해 생리 초기에 특히 극심한 설사를 유발하는 일이 많다. 생리 양이 많은 날, 우리는 화장실에서 깊은 혐오감과 감탄 사이를 오가며 경이로운 순간을 맛본다. 평상시에는 순하디 순한 우리 몸에서 어떻게 이런 혐오스러운 것들이 빠져나올 수 있

느지 말이다. 바로 이런 순간, 수돗물을 마음껏 사용하며 살아갈 수 있다는 사실에 감사하게 된다.

한편 설사보다 드물기는 하지만 분명히 존재하는 사례가 있는데, 설사와 반대되는 것이다. 우리는 생리를 할 때 찾아오는 다른 모든 불쾌감에 '변비'라는 아름다운 에피소드까지 추가할 수 있다.

그리고 종종 아주 운이 나쁠 때 설사와 변비가 번갈아 나타나기도 한다.

가스가 계속 나온다

앞서 배변 문제를 다루었는데, 이번 것은 좀 부끄러운 이야기가 될 수도 있겠다. 생리통은 우리의 모든 기관을 자극하기 때문에 복부 팽만감과 극심한 가스(방귀)를 유발할 수 있다. 물론 방귀를 뀔 때 생리혈이 나올 수도 있으므로, 방귀를 뀌기 전에 생리대를 잘 착용하고 있어야 한다는 건 두말하면 잔소리다.

이 이상한 얼룩은 뭘까

초경은 생리를 시작하기 전에 우리가 상상했던 이미지와 전혀 딴판인 경우가 대부분이다. 속옷이 흥건하게 젖을 정도로 새빨간 피를 철철 흘리는 장면을 예상했겠지만, 눈앞에는 생리가 아닌 다른 실수를 한 것이 아닌가 오해할 정도로 '그것'과 비슷한 갈색 얼룩이 보일 것이다. 초경을 하고 나면 빨간색이 아닌 갈색 피가 나올 수 있으며 이런 상황은 여러 달 반복해서 벌어질 수 있다. 그래서 비교적 일찍 생리를 시작한 소녀들은 이것이 생리가 아니라고 생각할 수 있는데, 사실 생리를 하고 있는 게 맞다.

화장실을 피로 장식할 수도 있다

사람들은 원피스나 청바지에 피가 묻을까 봐 노심초사하거나, 속옷이 엉망진창이 되는 일에 대해서는 경고하면서도 생리 때문에 화장실이 난장판이 될 수도 있다는 말을 하는 건 잊어버린다. 소변에 많은 피가 섞여 나오는 모습이 끔찍하다고 생각할 수도 있고, 변기 속에 피가 낭자한 이 모든 광경에 익숙하지 않다면 공포감이 들 수도 있다. 잠자는 동안 수평 자세로 오래 있다가 아침 일찍 몸을 곧바로 세우고 난 다음에는 피가 많이 나올 수 있다.

그러니 충격 받지 마시라. 충만한 자연의 섭리를 관찰할 기회이자, 내 몸에서 무슨 일이 일어나는지 알 수 있는 절호의 기회니까. 특히 생리대를 사용하게 되면 생리의 색깔이나 냄새가 변질될 수 있고, 따라서 실제 생리가 어떤 것인지 볼 수 있는 기회가 별로 없기 때문이다.

어쨌든 집이 아닌 곳에서 화장실을 사용할 때는 반사적으로 뒤를 한 번 돌아보기를 바란다. 가끔 핏방울이 여기저기 떨어져 있거나 약간의 흔적을 남길 때가 있는데, 그게 무엇이 됐건 다른 사람이 들어갔다 나온 화장실에서 그의 흔적을 발견하는 걸 좋아할 사람은 없을 테니까!

핏덩어리에 겁먹지 말 것

생리혈의 모습을 이야기할 때는 그 양이나 색깔뿐 아니라, 농도도 잘 살펴야 한다(그리고 호들갑 떨지 말고 봐야 한다). 생리를 할 때 나오는 피는 상처에서 나는 피와는 다른데, 생리혈에 자궁에서 떨어져 나온 작은 점막 조각들이 들어 있기 때문이다. 그러므로 생리혈에서 작은 '덩어리들'이 눈에 띌 가능성이 큰데, 이 덩어리들은 사람마다 다르고 주기마다 조금씩 크기에 차이가 있다.

처음에는 좀 놀랄 수 있다. 하지만 그건 잠깐이고, 생리대나 변기에 묻은 이 끈적끈적하고 이상한 덩어리를 보면 나중에는 어떤 매력을 느끼게 될지도 모른다. 나는 이제까지 생리를 하면서 클라푸티 속에 든 체리랑 비슷한 응혈을 본 적이 여러 번 있는데, 솔직히 처음에는 그게 너무도 이상해 보였다. 하지만 일단 그런 게 있다는 걸 알면 곧 익숙해진다!

"너 그 날이니?"

당신의 생리는 단연코, 절대로, 당신에게 안 좋은 쪽으로 작용하거나 당신의 감정을 쓸모없게 만드는 수단이 되어서는 안 된다. 특히 그것이 부정적인 감정일 때는 더더욱 그렇다. 사람들은 자기가 느끼는 감정을 과소평가하거나 어떤 여성이 왜 그런 행동을 하는지 설명할 때 생리로 다른 원인들을 덮으려는 경향이 있는데, 이건 잘못된 행동이다. 생리 기간에는 분명 감정의 기복이 심할 수 있지만, 그렇다고 그 감정이 평소보다 덜 타당하다는 말은 아니다.

그저 겉으로만 모든 게 잘될 거라고 생각하는 척하고 싶지 않을 때도 있고, 또 누군가의 지적에 마음이 상할 때도 있다. 설령 생리하는 동안 그런 감정들이 최고조에 달할 수 있다 해도, 그게 생리 때문이라고 주장하는 것은 좀 부당하다. 당신은 신경이 날카롭거나, 예민하거나, 기분이 나쁠 권리가 있으며, 당신의 생리는 이런 문제의 원인일 수도 있지만 그렇지 않을 수도 있다. 그리고 무엇보다, 당신의 감정이 존중받아야 한다는 사실을 알리고 요구할 권리가 있다. 다른 사람의 기분을 좀 언짢게 하더라도 상관없다. 그래야 그런 말이 당신을 거북하게 하는 이유를 상대방에 따라 길게든 짧게든 설명할 수 있기 때문이다.

일회용 탐폰 사용 팁

혹시 탐폰을 써볼 생각이 있는가? 그렇다면 내가 탐폰을 사용하기 시작했을 때 '누군가 내게 미리 얘기해줬으면 좋았을걸'이라고 생각했던 사항들을 한번 적어보겠다. 장담컨대 탐폰이 혼자 탈출하는 일이 분명히 발생할 것이다. 반대로 어뢰의 파편이 박힌 것처럼 탐폰이 빠지지 않을 수도 있다. 탐폰이 완전히 빠져버리는 불상사는 거의 없지만, 의도하지 않았는데 질 입구까지 내려오는 일은 있을 수 있다.

그래서 탐폰을 사용할 때는 다음 두 가지 규칙을 반드시 지켜야 한다.

1. 규칙적으로 탐폰을 교체하라.
2. 질 입구에서 멀리, 깊숙이 넣어라(탐폰이 만져지지 않을 때까지 손가락으로 잘 밀어 넣어라. 겁낼 필요 없다).

이런 규칙들을 잘 지키지 않으면 탐폰은 중력의 영향을 받아 점점 내려올 것이다. 탐폰이 흠뻑 젖은 상태에서 질을 타고 내려오기 시작할 때, 엄청 세게 재채기라도 한다면 탐폰이 삐죽 튀어나올 위험이 있다. 나는 변기에 앉자마자 곧장 질에서 탐폰이 떨어지는 장면을 두 눈으로 직접 본 경험이 있다. 새 탐폰이 없었다면 완전 당황했을 것이다. 따라서 항상 준비를 철저히 해야 한다!

엉덩이 가운데의 늪

당신이 생리대를 하고 있고 양이 많은 날인데, 날씨가 약간 덥기까지 하다면 특정한 현상이 나타날 위험이 있다. 바로 엉덩이 가운데에 축축한 고랑이 팰 수 있다는 것이다.

생리대 때문에 평소보다 허벅지 사이에 공기가 잘 통하지 않으면 땀이 찰 수 있다. 게다가 생리 양이 많기라도 하는 날엔 곧 땀과 생리혈이 늪처럼 고일 수 있다. 생리대를 규칙적으로 갈아야 할 또 하나의 중요한 이유다.

아기용 물티슈를 가방 속에 넣고 다닐 수도 있다. 그러면 재난 수준의 상황에 닥쳤을 때 약간이라도 열을 식혀 상쾌하게 해줄 수 있다. 그러나 누누이 말하지만, 절대 그렇게 미리 걱정할 만한 일은 아니다.

샤워를 마치고 나올 때 떨어지는 피

특히 생리를 시작한 지 얼마 되지 않아 양이 많은 날에는, 샤워를 마치고 나오면서 핏방울을 떨어뜨릴 확률이 아주 높으며, 피가 허벅지를 따라 길게 흘러내리는 경우도 있다.

이런 난감한 상황을 피하기 위해 나는 한 가지 묘안을 찾아냈다. 샤워를 하기 전에 갈아입을 속옷에 미리 생리대를 채워 놓고, 샤워부스에서 나오자마자 속옷을 꿰입는 것이다. 물론 샤워를 하는 동안 탐폰이나 생리컵처럼 몸속에 삽입하는 제품을 사용하는 경우엔, 이런 문제는 생기지 않을 것이다.

마트 계산원은 신경 쓰지 않는다

마트(또는 편의점)에서 생리대를 살 때 생기는 수치심. 이것은 나이가 들어도 결코 없어지지 않는, 그리고 없어졌다고 생각했는데도 여전히 끈질기게 남아 있는 감정이다. 내가 무슨 말을 하려는지 벌써 짐작했겠지만, 그래도 이 말은 몇 번을 반복해도 나쁠 것 없다. 바로 '누구도 신경 쓰지 않는다'는 것이다. 당신이 생리대나 탐폰을 산다고 해서 그걸 이상하게 생각할 사람은 아무도 없다.

수치심을 느낄 필요도 없고, 얼굴이 달아오를 일도 없으며, 계산원을 정신없게 만들려고 필요도 없는 물건을 열두 개나 사서 생리대를 숨길 필요도 없다. 당신은 생리가 시작하는 것을 막을 수 없고, 생리를 할 때는 생리대가 필요하다. 그러니 당당하게 사라! 지인들을 위해 생리대를 사다 주는 사람들도 마찬가지다. 당신의 도움은 누군가에게 매우 소중할 수 있다. 수치심 때문에 영웅 노릇을 할 기회를 날려버리지 마시라.

생리통은 정상적인 게 아니다

당신이 생리통을 겪는다면 아마 주변 사람들이 오랫동안 여러 번, 그것이 정상이라고 말해주었을 가능성이 아주 크다. 그러나 생리통은 정상적인 게 아니며, 전형적인 현상이 되어서도 안 된다. 병원에 가서 당신이 겪는 고통을 이야기하고, 통증을 가라앉힐 수 있는 방법들(스포츠, 요가, 뜨거운 물에 목욕, 핫백, 스트레칭, 식이요법, 허브티 등)을 찾아야 한다. 그래야 생리 기간을 보내기가 훨씬 쉬워진다. 생활에 지장을 줄 정도로 생리통이 심하다면, 다른 심각한 문제가 있는 건 아닌지 병원에서 검사를 받아보는 게 좋다. 생리통은 당신이 다른 사람보다 약하기 때문에 생기는 게 아니며, 좀 더 진지하게 다뤄져야 할 문제다.

또한 생리통은 꽁꽁 숨겨야 할 비밀이 아니다. 사람들은 머리가 아프다거나 허리가 아프다거나, 과식을 해서 배가 아프다는 말을 입에 달고 산다. 그런데 톱으로 자궁을 난도질하는 것처럼 아프게 하는 그 느낌을 왜 쉬쉬하며 참아내야 한단 말인가? 때로는 대놓고 괴로워하는 것도 좋은 방법이다. 그렇게 하면 고통이 좀 덜해지고, 생리를 무시하는 사람들에게 생리는 농담거리가 아니라는 사실을 일깨워줄 수 있기 때문이다. 나는 아직도 생리통이 심할 때 집에 누가 있건 없건 어김없이 베개에 파묻혀 울부짖곤 한다. 다행히 내 주변의 모든 사람들은 이제 내가 하는 생리 이야기에 익숙하다. 누군가와 함께 생리의 고통을 견뎌낼 수 있다는 느낌은 정말 끝내준다!

생리전증후군이라는 골칫덩이

생리전증후군PMS은 생리를 시작하기 며칠 전에 생기는, 일종의 격렬한 호르몬 반응이다. 생리를 하는 사람이 전부 이런 증상을 겪는 건 아니지만, 증상이 남들보다 유독 심한 사람은 있다. 아래 목록에 당신에게 해당하는 사항이 있을지도 모른다(목록에 없는 증상도 있을 수 있다).

• 체중 증가

- 유방이 부풀거나 통증이 있음
- 지각과민(고양이가 나오는 영상만 봐도 눈물이 난다)
- 두통
- 공격성
- 불안감
- 우울증(온 세상이 당신을 미워하는 것 같고, 삶이 공허하다는 느낌이 든다)
- 여드름
- 설사와 변비가 번갈아 나타나는 불규칙한 배변
- 냄새가 나는 모든 음식을 먹고 싶은 욕구
- 산도 들어 올릴 것만 같은 과격한 활동성
- 내리 6일도 잘 수 있을 것만 같은 수면 과다
- 여성의 성기처럼 생긴 무화과만 봐도 흥분이 될 정도로 한껏 달아오른 성욕
- 그 무엇에도, 그 누구에도 꿈쩍하지 않는 식물인간 상태의 성욕

모두에게 이런 증상이 전부 나타나는 것은 아니며(얼마나 다행스러운 일인가), 주기 동안 그 정도가 조금씩 변화하기도 한다. 이 목록은 사람들에게 자신이 경험한 생리전증후군을

생리전증후군 빙고

*나에게 해당되는 생리전증후군 증상을 찾아봅시다

이야기해달라고 부탁했을 때 가장 많이 나온 사항들이다.

이 모든 현상은 황체기에 에스트로겐과 프로게스테론의 분비가 변화하기 때문에 발생하는 것으로 보인다. 연구자 린지 오세와르데Lindsey Ossewaarde도 같은 주장을 한 바 있는데, 황체기에 여성의 뇌는 마약중독자의 뇌와 같은 상태를 보인다고 한다. 바로 도파민 결핍이다. 어떤 사람들은 도파민 때문에 쾌락을 가져다주는 모든 것에 빠져들 수 있다(초콜릿이나 섹스, 생선 양배추 절임에 대한 갑작스러운 욕망과 충동 등). 그러나 도파민은 장기간 더 큰 욕망을 충족시킬 수 있는 쾌락을 찾으려는 동기를 일깨우기도 한다. 그래서 책장을 새로 정리한다든가 요가를 한다든가 혹은 뭔가 새롭고 야심 찬 프로젝트를 시작하기도 한다.

사람들은 생리전증후군의 부정적인 측면만 집중적으로 보기 때문에, 대체로 이것을 나쁘다고 인식한다. 생리전증후군은 여성이 열등하고 감정조절능력이 없음을 확인하거나, 여성들도 권력을 가질 수 있음을 반박하기 위해 이용되어왔다.

나는 여성 대통령이 생리를 하기 때문에 문제가 될 거라고 정색하는 사람들 이야기를 셀 수 없이 듣고 읽었다. 그 사람들은 여성 대통령이 생리전증후군을 앓는 동안에는 제정신이 아닐 수 있기 때문에 제때에 초콜릿 상자를 갖다 바치지 않으면

러시아에 전쟁을 선포할 수도 있다고 주장했다(물론 정확히 이런 표현을 쓴 건 아니지만, 솔직히 그렇게 다르지도 않다). 특히나 요즘에는 이런 논리가 더 말이 안 된다고 생각한다. 내가 이 글을 쓰고 있는 동안 백악관에는 도널드 트럼프가 앉아 있고, 생리전증후군의 화신이 존재한다면 그건 바로 도널드 트럼프니까. 그리고 여성 대통령 후보자들이 대체로 오래전에 폐경기를 지난 여성들이라는 말은 굳이 하지 않겠다.

그렇다 해도 생리전증후군은 여전히 민감한 문제다. 무엇보다 그 존재를 인식하고 인정하며 받아들이는 것이 중요하기 때문이기도 하지만, 생리에 관한 담론을 바꿔나가야 하기 때문이기도 하다. 이 점은 분명 내가 블로그나 SNS에 글을 올릴 때 겪는 가장 심각한 딜레마의 하나이기도 하다. "아아아아! 나는 지금 생리전증후군을 겪고 있고, 말 여섯 마리를 잡아먹고 싶으며, 벽을 발로 걷어차고 싶고, 온몸으로 엉엉 울고 싶다!"고 소리치고 싶은 마음이 굴뚝같지만, 그렇게 하면 또 여성들이 생리전증후군 때문에 감정을 조절하지 못한다는 말이 나올까 봐 자제하곤 한다.

생리를 하지 않는 남자의 경우는, 멍하니 있든 신경질적으로 소리를 지르든 의기소침하든 좋아하는 드라마를 보며 초콜릿 세 박스를 먹어치우든 아무도 신경 쓰지 않는다(그 남자를 연약한 사람 취급하는 경우는 제외다. 분명 여자 취급을 당하는 것보다 더 나쁜 경우는 없을 테니까). 그러나 어떤 여자가 이렇게 행동한다면 이런 행동은 그녀를 공격하는 무기가 될 것이다. 남자들의 충동적인 행동을 호르몬 변화로 정당화하는 사람은 없다(그동안 남성 갱년기, 테스토스테론 감소와 그에 따른 신체 및 행동 변화를 유발하는 폐경의 남성적 측면에 대한 연구가 진행되어왔다). 반면 여자가 고래고래 소리를 지르거나 폭풍 눈물을 흘린다면 사람들은 지체 없이 이렇게 소리칠 것이다. "저 여자 생리해?!"

물론 생리전증후군은 한 개인의 기분에 영향을 미칠 가능성이 있다(나는 분명 '가능성이 있다'라고 말했는데, 그 이유는 그것이 보편적인 법칙은 아니기 때문이다). 그렇다고 생리전증후군이 정신을 완전히 불안정하게 한다거나, 어떤 경우에도 감정을 조절하지 못하게 만든다는 말은 아니다. 우리는 아침에 일어나면서부터 기분이 안 좋을 수도 있고, 주변 사람들에게 나쁜 영향을 끼치지 않으려고 내 감정을 자제할 수도 있다. 또 드라마 시리즈 전편을 처음부터 끝까지 다 보면서 푹신한 베개를 베고 누워 뒹굴며 햄버거를 먹고 싶지만, 텔레비전에는 눈길도 주지 않고 모임에 나갈 수도 있다. 호르몬 변화 때문이든 아니든, 우리 모두는 우리의 기초적인 본능, 우리의 기분,

우리와 비슷한 사람들과의 상호작용을 통제할 수 있다.

　이런 사실들 때문에 생리전증후군의 원인을 밝히지 못하거나 그것에 대해 말하지 못하는 상황이 벌어져서는 안 된다. "생리전증후군을 겪을 때 나는 평소보다 좀 더 공격적이 되는 것 같아"라고 말하는 것과, 미안하단 말도 없이 길을 막아서는 모든 사람에게 참지 못하고 소리치더라도 그게 생리전증후군 때문이라고 변명하지 않는 것 사이에는 큰 차이가 있다. 이것은 자기 주변을 의식하는 문명인과 원숭이의 차이와도 같다. 조만간 누군가에게 못되게 굴 일이 생기지 말란 법은 없지만 (출근 시간 지하철에 나를 따라와 보라. 그러면 누가 열차 안으로 밀고 들어오는 바람에 내가 내리지 못했을 때, 생리전증후군이건 아니건 나란 사람이 기본적인 예의 따윈 쉽게 잊어버리는 경향이 있다는 사실을 알게 될 것이다), 어쨌든 우리는 무의식적으로 무례한 행동을 피한다.

　여성들이 그렇게 자기 기분을 통제할 수 없는 존재들이었다면, 생리전증후군이든 아니든 그런 사실은 이미 널리 알려졌을 것이다. 내 말을 믿으시라. 하지만 우리는 잠자코 있으라고, 감정을 자제하라고, 여자로서의 운명을 받아들이라고, 특히 규범과 남성의 권위에 도전하지 말라고 가르치는 사회에서 자라왔다. 그 결과 부득이하게 여성들이 분노를 드러내면 분위기가 어색해진다. 그래도 여성들 입장에서는 자신을 정당화해야 했기에, 우리를 언짢게 하는 말을 들었을 때 입을 다물고 있는 게 진절머리가 난다고 말하는 대신, 자꾸 호르몬 탓을 하는 것이다.

만일 다음번에 당신에게 무례한 말을 하거나 테이블을 주먹으로 쾅 내리치는 여성에게 "지금 생리해요?"라고 맞받아치고 싶을 때는, 그녀가 왜 그런 행동을 했는지, 그녀를 그렇게 폭발하게 만든 게 뭔지 30초 동안만 생각해보자. 당신의 행동이나 말에서 답을 찾을 수 있을지 누가 알겠는가.

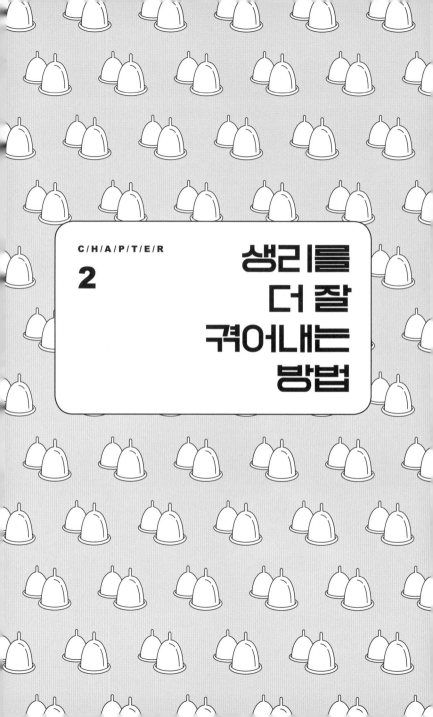

CHAPTER

2

생리를
더 잘
겪어내는
방법

생리는 개인적이다. 비밀스럽다거나 숨겨야 한다는 뜻에서가 아니라(아직도 그렇게 생각한다면 1장을 읽지 않았다는 뜻이다), 똑같은 생리를 하는 사람이 하나도 없다는 뜻에서 개인적이다. 한 사람의 삶에서조차 생리는 천 번씩 옷을 갈아입을 수 있다. 이런 점이 사람을 약간 돌아버리게 한다. 우리는 항상 생리가 이번을 마지막으로 다시는 바뀌지 않을 딱 한 가지 형태로 결정되기를 바라기 때문이다. 처음부터 모든 걸 다시 계산해야 하는 일이 벌어지지 않기 위해서.

　생리라는 문제에 접근할 때 당신이 어떤 입장을 택했건, 생리가 '개인적'이라는 사실은 꼭 기억해야 한다. 아주 중요한 사항이다. 까다롭기 그지없는 주제를 보편적인 잣대로 보기란 어렵기 때문이다. 어떤 사람은 생리를 하면서 그 달의 최악의 순간을 보내는가 하면, 어떤 사람은 신성하고 마법 같은 무언가를 경험하며, 또 어떤 사람은 생리를 하는지도 모르게 지나가는 경우도 있다. 생리 앞에서 우리는 공평하지 않다. 이것은 명백한 사실이다.

생리를 겪는 방법, 생리가 우리 몸과 삶에 영향을 미치는 방식은 상황을 천지 차이로 바꿔놓을 수 있다. 그래서 생리를 관찰하고 몸의 소리를 듣고, 대자연이 우리에게 베풀어준 지도들을 가지고 이 순간을 더 쉽게 겪어낼 수 있도록 필요한 조치들을 취하는 것이 중요하다.

이 장은 생리를 하는 여성들뿐 아니라 친구, 파트너, 혹은 자녀의 곁을 지키기 위해 그들의 몸과 정신에서 무슨 일이 일어나는지 이해하고자 하는 사람들을 돕고 싶은 마음에서 썼다. 자, 이렇게 말문을 여니 내가 무슨 중병에 대해 얘기하려나 보다 하고 생각할지 모르겠다. 하지만 내가 이렇게 말하는 이유는 이 이야기 속에서 각 사람마다 다양한 층위에서 할 수 있는 자기 역할이 있다고 생각하기 때문이다. 그리고 그것은 물론 더 나은 세상을 만들기 위해서일 뿐이다. 그렇다, 단지 그것뿐이다.

다음 이야기를 하기 전에 처음 이야기를 시작했던 지점으로 돌아가야 한다. 그러니까, 생리를 하는 여성의 수만큼이나 서로 다른 생리가 존재한다. 겉으로 보이는 상황들은 그저 우리가 따라가야 할 실마리에 불과하다. 당신에게 맞는 방법을 찾기 위해서는 그 속을 열심히 들여다봐야 한다. 당신은 이 글의 어떤 부분들에는 동의할 수 없을지 모른다. 당연한 일이다. 그리고 이쩌면 당신이 고민하는 문제와는 다소 동떨어진 딥을 보게 될지도 모른다.

하지만 이것 하나만은 기억해야 한다. 당신에게 정말 문제가 있다면, 어떤 것이 당신을 괴롭히거나 걱정시킨다면, 당신에게는 당연히 부인과 의사와 이야기할 권리가 있다는 것이다. 의사의 치료 방식이나, 당신의 질문에 답하는 의사의 태도가 마음에 들지 않는다면 이를 바꿀 권리 또한 있다. 당신의 몸은 매우 특별한 관심을 받을 자격이 있고, 친구의 건강도 중요하지만 당신의 건강도 중요하며, 당신의 질문은 명쾌한 답변을 들을 가치가 있다.

나는 가끔 자궁내막증에 걸린 한 여성의 증언을 되새기곤 한다. 그녀는 내 블로그에 자궁내막증 진단을 받는 데 16년이나 걸렸다는 글을 올렸다.

16년 동안 의사들은 생리할 때 배가 아픈 게 정상이라고 설명했어요. 처방해준 약들(이부프로펜, 메페남산, 플루르비프로펜 등등의 계열)이 별 소용이 없으니, 그들은 내가 고통에 민감한 사람이라는 결론을 내렸어요.

그리고 그녀가 자궁내막증이라는 실마리를 언급했는데도 의사들은 그녀가 당연히 틀렸다는 말만 되풀이했다.

고통이 진짜 참을 수 없을 정도로 심해져서, 그리고 다른 부위까지 이루 말할 수 없이 아프기 시작해서 여기저기 알아봤죠. 그랬더니 그게 자궁내막증이었던 거예요. 그래서 다시 의사에게 말해보기로 했죠. 난 성관계를 할 때는 고통이 없었고, 아이를 원하지 않았기 때문에 임신이 되는지 안 되는지 입증할 길이 없었어요. 이 두 가지 요소 때문에 의사들이 내 경우는 자궁내막증일 가능성이 거의 없다고 주장했던 것 같아요. 내가 겪는 통증은 오로지 내 문제니까 의사들은 거기에 신경 쓸 이유가 없었던 거죠. 진단을 받기까지 그게 심각한 증상일 수 있다고 생각한 사람은 나뿐이었어요.

바로 이래서 좋은 의사를 끈질기게 찾고, 만족스러운 답을 얻을 때까지 포기하지 않는 것이 중요하다. 시간이 흐르고 상황이 나아지기를, 그리고 위와 같은 증언들을 더는 듣지 않기를 바라면서 말이다.

생리용품을 알아보자

생리용품을 생각하면 두 가지 제품이 바로 떠오른다. 탐폰과 생리대다. 생리를 하든 안 하든 그런 게 있다는 사실은 누구나 다 알고 있을 것이다. 그러다가 요즘은 점점 더 많은 사람들이 생리컵을 거론하게 되었다. 생리컵이 뭔지, 어떻게 사용하는지 여전히 다들 정확히는 모르지만 어쨌든 이미 생리컵을 알고 있다.

사실 생리대, 탐폰, 생리컵 말고도 선택할 수 있는 제품들은 많다. 물론 수천 종류까지는 아니지만 생리를 하는 사람이 저마다 다른 기준에 따라 선택할 수 있을 만큼 다양하다. 하지만 전 세계 모든 여성들이 이런 특권을 누리지는 못한다. 모두가 동일한 보호를 받게 하기 위한 캠페인을 벌이기 전에 이 사실을 꼭 명심하기 바란다.

그렇다면 요즘 마트의 생리용품 코너에서는 어떤 것을 선택할 수 있을까? 각 방법의 장점과 단점은 무엇일까? 이런 방법들이 어떤 기능을 하고 어떻게 하면 확실하게 현명한 선택을 할 수 있을까? 이런 사항들을 더 잘 이해하고, 생리용품들을 보다 정확한 눈으로 볼 수 있도록 몇 가지 제품을 간략하게 비교해보겠다.

편리함의 미덕, 일회용 생리대

오늘날 우리는 구하기도 쉽고 편리한 일회용 생리대에 대단히 만족하고 있다. 나중에 살펴보겠지만 일회용 생리대에도 단점은 있다. 그러나 엄마나 할머니께 그분들이 썼던 생리대에 대해 이야기해달라고 해보라. 그 시대에는 접착밴드도 없고, 쉽게 접히는 날개도 없으며, 허벅지 사이에 스펀지를 넣은 수건을 고무줄에 걸어 사용했다. 대체로 가터벨트와 비슷했다고 할 수 있지만 그다지 섹시하지도 편리하지도 않았다. 허리끈은 수년 동안 조금 덜 거추장스러워지긴 했지만 핀으로 수건을 고정시키는 데 필요한 일종의 신축성 있는 벨트 역할을 할 뿐이었고, 어쨌든 여전히 불편했다.

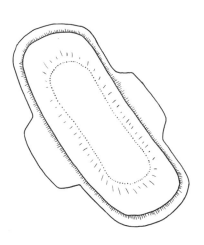

일회용 생리대라는 경이로운 발명품이 나오기 전(패드 형태의 생리대는 19세기 말에 처음 생겨났다)에는 넝마, 천 조각, 종이, 온갖 종류의 신문 등 원래 갖고 있던 것이나 주변에서 쉽게 구할 수 있는 모든 것을 활용했다. 그리고 많은 여성들이 아무것도 하지 않거나, 피가 허벅지 아래로 흘러내려 딱딱하게 굳어버릴 때까지 그냥 내버려두었다. 오늘날 우리가 생각하는 위생 개념은 비교적 최근에 생긴 것이며, 과거에는 그렇게 격식을 차리지 않았기 때문이다. 게다가 예전에는 겹겹의 속치마에 발목까지 내려오는 긴 치마를 입었고, 그래서 속이 거의 들여다보이지 않았다.

요즘에는 기본적으로 일회용 생리대를 선택한다. 모든 소녀들이 초경을 할 때 대체로 일회용 생리대로 시작하는데, 일회용 생리대가 사용하기 간편하고 마트, 약국, 편의점 등 어디서든 구하기 쉽기 때문이다. 일회용 생리대는 접착밴드로 속옷 안쪽에 고정시키고(생리대 양옆에 날개가 있는 제품도 있다) 체외에 착용한다. 질에서 나온 피는 생리대에 흡수된다. 주로 생리대의 형태(날개형이나 일반형)나 크기(소형, 중형, 대형, 오버나이트 등. 프랑스에서는 포장지에 물방울 수로 흡수력을 표시하기도 한다)에 따라 선택한다. 대략 4~6시간마다 갈아주는데, 양이 적은 날이라도 위생을 고려해서 생리대가 '흠뻑' 젖을 때

생리를 더 잘 겪어내는 방법

까지 기다리지 말고 규칙적으로 갈아주는 게 좋다.

장점

1. 구하기 쉽다: 생리가 갑자기 시작됐는데 생리대가 없어 당황했을 때, 가까이에 문을 연 상점이 있거나 주변에 준비성이 좋은 사람이 있다면 쉽게 구할 수 있다.

2. 사용하기 쉽다: 접착밴드 부분을 덮고 있는 포장지를 벗겨 속옷에 붙이고, 날개형인 경우는 양옆의 날개를 속옷 밑으로 붙여 채운다.

3. 몸 외부에 착용한다: 질 속에 이물질을 삽입하는 것이 불편한 사람들이나, 건강이나 편안함을 중시하는 사람들이 사용할 수 있다. 삽입용 제품보다 편리하다는 점이 일회용 생리대를 많이 쓰는 이유라고 생각한다.

4. 밤에 사용할 수 있다: 속옷에 생리대를 차고 걱정 없이 잠자리에 들 수 있다. 그러나 모든 생리대가 그런 것도, 모든 사람이 그럴 수 있는 것도 아니다.

5. 생리혈의 양을 쉽게 알 수 있다: 속옷을 내리는 것만으로도 생리의 상태를 확인할 수 있다. 생리대를 보고 생리혈의 양, 색깔, 질감을 알아보기 좋으며 생리의 상태를 관찰하기가 더 쉽다.

6. 독성쇼크증후군의 위험이 없다: 생리대는 질 속에 삽입하는 것이 아니기 때문에 독성쇼크증후군이 생길 위험이 없다.

단점

1. 쾌적하지 않다: 사람들이 일회용 생리대를 쓰지 않으려는 가장 큰 이유는 쾌적하지 않기 때문이다. 모든 사람이 기저귀를 차던 때로 퇴행하는 느낌에 매료되는 건 아니니까. 또한 일회용 생리대를 차고 있으면 조금만 움직여도 소리가 난다는 문제가 있다(예를 들어 장시간 앉아 있다가 엉덩이에 달라붙은 생리대를 살짝 떼어 내려고 할 때). 아무리 얇은 생리대를 해도 어쨌든 오랫동안 다리 사이에 패드를 차고 있다 보면 갑갑해진다. 게다가 엉덩이에 땀이 나는 불상사라도 생기면 정말 최악이다.

2. 냄새가 난다: 몸에서 나온 피는 생리대의 섬유에 흡수되면 산화된다. 그래서 생리대를 자주 갈아주지 않으면 허벅지 사이로 새어 나오는 강렬한 냄새를 맡을 수 있는 것이다. 다른 사람이 내 다리 사이에 코를 처박고 냄새를 맡는 일이 없다 해도 불쾌한 건 사실이다. 7월 중순경, 생리가 시작된 지 5일 뒤에 화장실 쓰레기통에서 나는 냄새가 어떤지는 굳이 얘기하지 않겠다.

3. 친환경적이지 않다: 해마다 자연 분해되지 않는 450억 개의 일회용 생리대가 버려져, 결국 쓰레기 처리장으로 들어간다. 생리대를 만드는 데 필요한 물은 말할 것도 없다.

4. 염증을 유발할 수 있다: 생리대를 만들 때 화학물질이 사용되는데, 이 물질이 하루 종일 외음부에 닿아 있고 마찰도 자주 일어나게 된다. 따라서 일회용 생리대는 쉽게 염증을 유발할 수 있고, 안 그래도 이미 고통스러운 생리를 더 고통스럽게 만들 수 있다.

5. 생각보다 위생적이지 않을 수 있다: 생리대를 위생용품이라고 하지만, 일회용 생리대는 생각만큼 그렇게 위생적이지 않을 수 있다. 우리는 신체 구조상 항문과 질이 아주 가까이 있다는 사실을 자주 잊곤 한다. 그리고 생리대로 인해 마찰이 생기면 항문과 질 사이에 작은 박테리아들이 퍼지기 쉽기 때문에, 이 자극이 매우 불쾌한 감염을 유발하기도 한다. 같은 이유로 화장실에서 볼일을 다 보고 나서 앞에서 뒤쪽 방향으로 닦아야지, 절대 그 반대 방향으로 닦으면 안 된다는 건 기본이다.

편안함과 위험 사이, 탐폰

사람들은 탐폰을 현대 기술이 이뤄낸 작은 혁명으로 생각하지만, 사실 탐폰의 발명은 몇 세기를 거슬러 올라간다. 바로 고대 이집트인들 덕분에 탄생한 발명품이기 때문이다. 물론 이집트인들의 탐폰은 오늘날과 같은 모양은 분명 아니었고, 원래 생리를 위해서만 고안된 것도 아니었다. 오히려 부인병으로 인한 다양한 질병들을 치료하기 위한 것이었다. 예를 들어 네모난 천 조각에 나일강의 토양, 꿀, 방연석 등을 넣어 질 속에 직접 삽입함으로써 가벼운 사상균증(곰팡이)을 치료할 수 있었다(이 방법이 분명 효과가 있었다고 말하는 문헌들이 있지만, 직접 시험해본 것이 아니므로 알아봐야 한다). 우리가 알고 있는 오늘날의 탐폰은 1930년대가 되어서야 발명되었다.

오늘날 볼 수 있는 탐폰은 작은 방추형 솜으로, 질 속에 삽입해 질 입구를 막음으로써 직접 피를 흡수하는 제품이다. 탐폰에는 긴 실이 달려 있는데, 탐폰을 교체할 때 쉽게 뺄 수 있

생리를 더 잘 겪어내는 방법

도록 질 밖으로 나오게 되어 있다(탐폰은 최대 여덟 시간 정도 사용할 수 있지만, 사용 시간을 되도록 줄이는 것이 좋다).

탐폰도 생리혈의 양에 따라 선택할 수 있고 사이즈가 다양하며(탐폰을 처음 사용하는 초보자나 양이 적은 날에 사용할 수 있는 미니 사이즈까지) 어플리케이터가 있는 것과 없는 것이 있다. 어플리케이터는 대체로 플라스틱이나 마분지로 만들어졌으며 주사기와 비슷하다(하지만 바늘은 없으니 겁먹지 말자). 질 속으로 어플리케이터의 끝부분을 밀어 넣고, 반대쪽 끝을 눌러 탐폰을 밀어내 질 속으로 들여보내면 끝이다.

장점

1. 구하기 쉽다: 당신이 대도시에 살건 작은 동네에 살건, 탐폰도 생리대처럼 아주 쉽게 구할 수 있다. 예를 들어 약국에서도 살 수 있고, 갑자기 생리를 시작했을 때 친구한테 살짝 빌릴 수도 있다.

2. 생리대보다 편하다: 정확하고 쉽게 삽입할 수만 있다면 탐폰은 생리를 한다는 사실을 거의 잊어버릴 정도로 완전하고 획기적인 자유를 제공할 것이다. 일단 탐폰이 제대로 들어가기만 하면 느낌이 나지 않으며, 탐폰을 했는지 다른 사람은 알 수 없다. 남들은 내가 생리 중인지도 모르기 때문에 짧은

바지 차림으로 산책도 할 수 있다(실이 빠져나오지 않는 한은 그렇다. 웃지 마시라. 말리부의 해변에서 내가 미국 배우 패멀라 앤더슨Pamela Anderson처럼 한껏 차려 입었을 때 실제 이런 일이 일어났고, 곧 분위기가 싸늘해졌다).

3. 훨씬 더 자유롭게 활동할 수 있다: 탐폰을 하면 이론상으로는 수영장이나 욕조에 들어가 몸을 담글 수도 있다. 또한 어떤 자세로든 어떤 조건에서든 더 쉽게 운동할 수 있다.

4. 부피가 작다: 탐폰은 가지고 다니거나 주머니, 지갑, 소매, 브래지어 속에 쏙 넣기 좋다. 이러저러한 이유로 생리 중이라는 사실을 숨기고 싶다면(혹은 그래야 한다면), 커다란 크리스마스 선물처럼 포장된 생리대보다는 탐폰을 가지고 가는 게 더 편리할 것이다.

단점

1. 능숙해지기 어렵다: 금방 익숙해지는 사람들도 있지만, 보통 탐폰의 첫 시도는 좌절과 분노로 끝난다. 탐폰을 삽입할 때 심지어 아픈 경우도 가끔 있다. 탐폰을 한 번에 정확히 삽입하기 어려운 이유는 수없이 많은데, 이런 일이 반복되면 탐폰을 사용해야겠다는 의지가 식을 수도 있다. 나 역시 생리를 시작하고 4년이 지나서야 첫 번째 탐폰을 삽입하는 데 성공했

다. 내가 마침내 성공할 수 있었던 것은 전적으로 미니탐폰이 출시된 덕분이다. 탐폰의 첫 경험이 악몽 같아서, 나는 다시는 탐폰을 사용하지 않겠다고 다짐했다.

2. 별로 친환경적이지 않다: 생리대와 같은 이유로, 모든 일회용 생리용품은 환경에 대한 우려를 낳는다. 지구에 매우 좋지 않고, 필요하지도 않다.

3. 몸에 나쁠 수 있다: 탐폰 이야기를 하면 독성쇼크증후군이 빠지지 않는다. 이미 화장실에서 탐폰 박스에 있는 지루한 경고문을 읽었다면, 탐폰이 무시무시한 이름으로 불리는 이 증후군과 연관이 있다는 사실을 알고 있을 것이다. 독성쇼크증후군은 드물기는 하지만 건강에 매우 심각한 결과를 초래할 수 있으며, 발작을 일으켜 사망에 이르게 할 수도 있다. 약간 지나친 것 같기도 하지만 정말 우울하고 심각한 이야기다. 그러니 탐폰을 계속 사용하려면 몇 시간마다 규칙적으로 탐폰을 교체하길 바란다.

4. 예측 불가능하다: 재채기 또는 기침을 하거나 아주 크게 웃다가 탐폰이 질에서 빠져나오는 경우가 종종 있어서 놀랄 수 있다. 그럴 때 가까이에 화장실이나 문을 잠그고 들어갈 수 있는 곳이 없어서 당장 탐폰을 교체하기 어렵다면 정신이 혼미해질 것이다. 탐폰이 푹 젖어 있어도 이런 일이 생긴다. 그래

서 자주 탐폰을 갈아주는 것이 중요하다. 또한 피가 샐 위험도 있다. 탐폰을 빼서 보지 않는 한(혹은 속옷에 피가 묻지 않는 한) 탐폰이 푹 젖었는지 아닌지 알기 어렵기 때문이다.

5. 질 내 플로라(세균상)를 손상시킬 수 있다: 질에는 성이로운 자정 능력이 있다. 질에서 나오는 자연적인 분비물은 완벽한 윤활 작용을 돕고 질 내 플로라를 보존해준다. 질은 강하고 영리한 기관이지만 약점도 갖고 있다. 탐폰이 질을 통과하는 모든 것을 흡수해버리면 질이 건조하고 취약해져, 질 본연의 임무를 정확히 수행할 수 없게 된다는 것이다. 게다가 질은 그렇게 만만하지 않다. 생리 양이 아주 적을 때 탐폰을 빼거나 삽입하려고 하면 상황은 더욱 나빠져, 사포로 질을 문지르는 것 같은 일이 벌어진다.

6. 잘 때는 사용할 수 없다: 탐폰은 여덟 시간 이상 질 속에 있으면 안 되기 때문에 밤에는 탐폰을 사용하지 말 것을 강력하게 권한다. 자는 동안 여덟 시간이 훌쩍 지나버리기 때문이다. "나는 여덟 시간 동안 탐폰을 하고 있었는데 괜찮았다!"고 말하는 사람이 있을지 모르지만, 잠들기 직전에 탐폰을 삽입한 건 아닌지 의심스럽다. 그러니까 엄밀히 따지면 여덟 시간이 안 될 것이다. 밤에는 생리대 같은 체외용 제품을 쓰는 것이 좋고, 혹은 알람이 좀 더 일찍 울리도록 맞춰놓기 바란다.

생리를 더 잘 겪어내는 방법

7. 그다지 위생적이지 않다: 생리대보다 탐폰이 박테리아를 옮길 위험은 더 낮지만, 질과 항문 사이를 왔다 갔다 하는 탐폰의 실을 타고 박테리아가 이동할 수 있다. 따라서 탐폰을 더 안전하게 사용하려면 화장실에서 큰 볼일이 끝날 때마다 교체해줘야 한다(힘을 주다가 탐폰이 저절로 빠지는 일이 없다면 말이다. 가끔 그런 일이 있기는 하지만).

신성한 혁명, 생리컵

요즘 생리컵은 생리용품계의 대스타로 떠올랐다. 먼저 써본 사람들은 다들 생리컵을 써야 한다고 말하고, 인터넷에서는 생리컵 사용을 권장하는 기사들이 급속도로 번지고 있으며, 모두가 생리컵의 장점을 찬양하는 통에 생리컵을 빼놓고는 생리 이야기를 할 수 없을 지경이다. 생리컵이 여성들의 건강과 위생에서 신성한 혁명을 일으킨 것은 사실이다.

하지만 이 혁명이 생각만큼 최근에 일어난 건 아니다. 생리컵은 일찍이 1930년대에 북미에서 발명되었기 때문이다. 미국의 가수이자 배우였던 리오나 차머스Leona Chalmers는 생리를 위한 최선의 방법을 개발하기로 결심하고, 평생에 걸쳐 유명한 부인과 의사들과 함께 생리컵 개발에 헌신한다. 그 결과 차머스는 1937년에 '타셋Tassette'이라는 제품을 발명했는데, 불행하

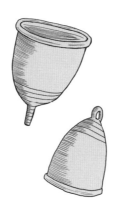

게도 제2차 세계대전 때문에 고무가 부족해 제품 출시에 차질이 생겼다. 결국 그녀는 기대했던 성공을 거두지 못한다. 이런 구상이 마침내 어둠을 뚫고 세상 밖으로 나온 것은 1980년대 말, 그 유명한 실리콘 컵이 발명되고 나서였다.

생리컵은 종 모양의 덮개를 길게 늘여놓은 것처럼 생긴 작은 실리콘 용기다. 언뜻 보면 약간 당황스럽게 생겼다. 생리컵을 질 속에 삽입하려면 먼저 잘 접어야 한다. 그래야 질 내벽에서 저절로 펼쳐져 부착된다. 생리컵에 있는 작은 구멍들은 컵을 고정해주는 흡착 효과를 내서 생리컵이 질 내벽에 잘 붙어 있게 해준다. 생리컵에 피가 가득 차면 질 속에서 그것을 찾아, 끄트머리를 잡고 아주 조심스럽게 꺼내 내용물을 비운 뒤, 헹궈서 다시 제자리에 끼운다. 생리 전후에 매번 살균을 위해

삶아야 하며, 사용하지 않을 때는 다음번 사용에 대비해 작은 천 주머니에 잘 넣어둔다.

장점

1. 더 편하다: 탐폰처럼 생리컵도 제대로 삽입되고 제대로 자리를 잡는다면, 몸속에 있는지 전혀 느껴지지 않는다. 그래서 생리 중이어도 신체적으로 불편을 겪지 않고 평온하게 생활할 수 있다.

2. 훨씬 자유롭게 활동할 수 있다: 탐폰처럼 생리컵을 하면 수영이나 목욕을 할 수 있고, 운동을 하거나 짧은 바지 차림으로 산책도 할 수 있다. 게다가 탐폰처럼 실이 보이는 바람에 죽고 싶은 마음이 들 위험도 전혀 없다. 따라서 아무도 모르게 조용히 생리를 치를 수 있다.

3. 부피가 작다: 교체할 생리컵을 가지고 다닐 필요가 없기 때문에 완전히 빈손으로 다녀도 되고, 가방 속에 여분의 생리컵을 가지고 다닐 필요도 없다. 더군다나 다른 사람에게 알리지 않으면서 자주 화장실에 가는 기술을 익힐 필요도 없다. 생리컵은 다른 사람에게 생리를 한다는 사실을 결코 알리고 싶지 않은 사람들에게 이상적인 방법이다.

4. 완전히 친환경적이다: 생리컵은 몇 년 동안 사용할 수 있

기 때문에 꺼림칙한 쓰레기 더미를 만들지 않아 지구를 구할 수 있다.

5. 더 경제적이다: 생리대와 탐폰은 가격이 (매우) 비싸다. 생리를 하는 한 온 계속 구매해야 하고 그러다 보면 위생용품에 꽤 많은 돈을 쓰게 되므로, 결국 다 합쳐보면 그 비용이 만만치 않다. 그러나 생리컵은 한 번만 구입하면 된다. 장기적인 투자라고 볼 수 있다.

6. 빠질 염려가 거의 없다: 제대로 삽입하기만 한다면 생리컵은 꼼짝도 하지 않으며 빠질 염려가 거의 없다.

7. 더 오랜 시간 사용 가능하다: 생리컵은 열두 시간마다 갈아도 된다. 당신의 생리 양이 열두 시간 동안 생리컵을 갈지 않아도 넘치지 않을 정도라면 말이다. 가까이에 화장실이 있느냐 없느냐에 따라 교체할지 말지를 결정하면 되므로, 더 오래 자유를 느낄 수 있다.

8. 질 내 플로라를 지킬 수 있다: 탐폰과 달리 생리컵은 피를 받아내는 역할만 하고 질의 자연적 분비물을 평화롭게 유지해주므로, 질 내 플로라를 보존하여 건조함이나 염증의 위험을 막아준다.

9. 자신의 몸을 더 잘 알 수 있다: 생리컵을 쓰려면 무엇보다 과감하게 질 속으로 손가락을 넣어야 하고 생리혈을 직접 만

지는 과정을 감수해야 한다. 그러나 다른 어떤 방법보다 특히 생리컵을 통해 생리에 대해 더 많은 정보를 얻을 수 있다. 첫째, 생리혈의 양을 더 쉽게 측정할 수 있어 생리에 대해 더 잘 이해할 수 있다. 둘째, 피의 겉모습·냄새·색깔은 중요한 정보를 알려준다. 무엇보다 이런 정보는 당신의 호기심을 충족해줄 뿐만 아니라 지난번 생리와 비교해서 뭔가 잘못된 것은 없는지도 알려준다. 당신의 피가 그렇게 대단하다고 할 만한 건 아니지만 그렇다고 공포스럽거나 혐오스러운 것도 아니다(물론 조직 덩어리가 가득 차 있다면 충분히 특이해 보이겠지만, 그래도 피는 여전히 자연스러운 것이다).

10. 오럴섹스를 하기가 더 쉽다: 피가 새는 일도 없고 몸 밖으로 나와 있는 실도 없기 때문에 외음부에 더 쉽게 접근할 수 있다. 질 속에 생리컵이 제대로 자리를 잡기만 하면 걸리적거리는 것이 전혀 없기 때문이다(그리고 오르가슴은 생리통을 줄여주기도 한다. 이것은 생리컵을 이용할 또 다른 이유다).

11. 생리통이 줄어든다: 많은 여성들이 생리컵을 쓴 후 생리통이 많이 줄었다고 확신한다. 당신도 마찬가지일지 모른다.

단점

1. 익숙해지기 어렵다: 생리컵을 정확하게 삽입하고 빼낼 수

있으려면 수차례 시도해야 한다. 어떤 사람들은 쉽게 익숙해지지 못한다(요즘 나도 다시 시도하고 있는데, 그냥 포기하거나 차라리 다른 방법을 시도할까 생각도 한다. 이 점에 대해서는 나중에 이야기하겠다). 생리컵을 접고, 질 속에서 펼쳐진 생리컵을 다시 빼내기 위한 올바른 과정을 익히기까지 아마 수도 없이 실패할 것이다. 하지만 일단 한번 성공하면 다음에도 자연스럽게 생리컵을 삽입할 수 있고, 바로 이 수준까지 도달하도록 노력해야 한다. 당신이 원하던 바로 그 위생용품을 만날 수 있다면, 몇 달 뒤 처음부터 다시 해보는 한이 있더라도 망설이지 말고 도전해야 하지 않겠는가.

2. 처음 선택한 생리컵이 최고라고 확신할 수 없다: 신체 구조나 생리혈의 양에 따라서, 그리고 출산 경험이 있느냐 없느냐에 따라서 각각 다른 사이즈의 생리컵을 선택해야 한다. 처음 선택한 생리컵이 당신에게 맞지 않을 수도 있고, 다른 생리컵을 써봐야 할 수도 있다. 그러나 꼭 모든 생리컵을 써봐야 하는 건 아니다.

3. 독성쇼크증후군으로부터 당신을 지켜주지 못한다: 많은 사람들이 생리컵을 쓰면 독성쇼크증후군의 위험이 없다고 믿지만, 사실 생리컵은 독성쇼크증후군을 완전히 막지는 못한다. 탐폰을 사용했을 때보다는 물론 위험이 낮지만, 그렇다고

C자형으로 접기

7자형으로 접기

펀치다운 접기

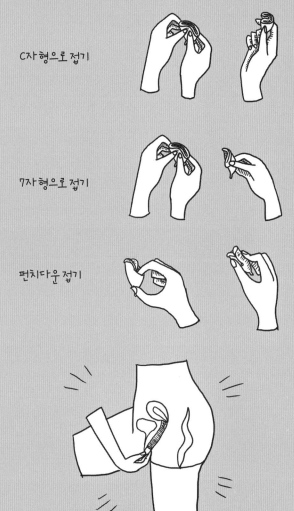

완전히 안전하다는 뜻은 아니다. 생리컵을 사용하기 전에 신경 써서 소독을 해야 하고, 감염을 막기 위해서는 생리컵을 뺄 때나 다시 삽입하기 전에 반드시 손을 깨끗이 씻어야 한다.

4. 자신의 몸을 충분히 알아야 한다: 생리컵을 올바르게 사용하려면 우선 자신의 신체 구조에 대한 충분한 지식이 있어야 할 뿐 아니라, 자기 몸을 편하게 생각해야 한다. 생리컵을 빼내거나 다시 삽입할 때 질 속으로 손가락을 집어넣는 것을 두려워해서는 안 되고, 손에 생리혈이 묻는 것에 거부감이 없어야 한다. 물론 이런 점들에 대해서는 곧 익숙해지기 마련이다. 생리컵은 그런 고통을 감수할 만큼 장점이 많다. 자신의 몸에 대해 알게 되는 일은 언제나 흥미롭고 절대 혐오스러운 일이 아니라는 것은 말할 필요도 없다. 대신 그러려면 약간의 적응 기간이 필요하다.

5. 항상 비밀이 보장되지는 않는다: 공공화장실의 경우 세면대가 바깥에 있기 때문에 생리컵을 갈 때 일이 복잡해질 수 있다. 생리컵을 비우려면 세면대에서 사람들이 보는 가운데 컵을 헹궈야 하는 위험을 감수해야 하기 때문이다. 게다가 근무환경이나 생활환경에 따라 적절한 위생 시설을 사용할 수 없을지도 모른다. 그럴 경우 일이 더 까다로워질 수 있다.

6. 모든 사람에게 적합하지는 않다: 질에 삽입하는 모든 종

생리를 더 잘 겪어내는 방법

류의 위생용품이 그렇듯이, 생리컵은 활동이 불편하거나 부인과 질환이 있는 사람들이 쓰기는 어려울 수 있다. 또한 수돗물을 비롯해 생리컵을 쓰는 데 필요한 위생시설이 없는 경우도 마찬가지다.

더 알아보기

1. 대표적인 생리컵 제품: 당마퀼로트Dans Ma Culotte, 디바컵DivaCup, 뤼네알Lunéale, 뤼네트Lunette, 멜뤼나Meluna, 비컵be'Cup, 플뢰르컵Fleurcup(우리나라에도 이 중 대부분의 제품이 알려져 있고 이외에도 루나컵, 레나컵 등 다양한 제품이 있다. 다만 뤼네트의 경우 루넷컵, 멜뤼나의 경우 메루나컵으로 이름이 다르게 불린다-옮긴이)

2. 공짜로 알려주는 작은 팁: 샤워를 하면서 생리컵을 갈아 끼운다면 여러 복잡한 문제를 한번에 해결할 수 있다. 감쪽같아서 아무도 눈치채지 못할 것이다.

빨래할 자신만 있다면, 천생리대

천생리대는 일회용 생리대와 사용 방법은 같지만, 생리대를 천으로 만들었다는 것과 똑딱단추로 속옷에 고정시키는 시스템이란 것만 다르다. 가운데 부분에 박음질 처리된 흡수지가

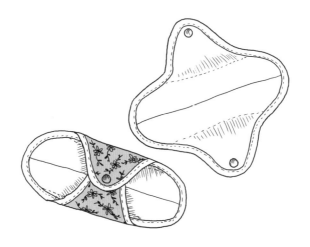

최적의 기능을 보장해주며, 쓰고 나서 빨기만 하면 된다(찬물로 손빨래를 하면 특히 깨끗하게 잘 빨린다).

장점

1. 염증이 덜 생긴다: 천생리대를 만들 때 사용되는 재료를 주의 깊게 고르기만 한다면 일회용 생리대보다 염증이나 발진이 생길 가능성이 훨씬 적다.

2. 화학성분이 적다: 일회용 생리대보다는 천생리대에서 믿을 수 있는 재료로 만든 것을 찾기가 훨씬 쉽다(소위 '유기농'이라는 이름이 붙은 생리용품 성분 연구들을 보면, 그런 이름을 달고 나온 상품들을 전혀 믿을 수 없다는 사실을 알 수 있기 때문

생리를 더 잘 겪어내는 방법

이다). 따라서 천생리대는 더 안심할 수 있다.

3. 더 친환경적이다: 재활용 가능한 것은 당연히 더 친환경적이다. 따로 세탁하지 않고 한꺼번에 빨면 더 좋겠지만, 어쨌든 물을 오염시킬 수 있다는 점이 다소 아쉽긴 하다.

4. 더 경제적이다: 천생리대 몇 개만 비축해 놓으면 한동안은 편하게 지낼 수 있다(물론 관리를 잘 한다는 조건하에).

5. 주문 제작할 수 있다: 구매 동기나 천의 소재를 분명하게 선택할 수 있고, 능력이 있다면 직접 만들 수도 있다.

6. 소규모 기업을 지원할 수 있다: 대기업 제품을 쓴다고 해서 뭔가 대단한 수준의 건강을 보장받는 건 아니기 때문에, 대기업에서 만든 일회용 생리대 대신 천생리대를 구매한다면 이를 판매하는 지역의 소기업에 보탬이 될 수 있다. 일부 천생리대 브랜드는 수익의 일부를 개발도상국가의 여성 지원 단체들에 기부하기도 한다. 개발도상국가에는 재활용 가능한 천생리대를 만들 수 있는 공방이 있는 경우가 많은데, 그 목적은 일자리를 창출하는 것과 그 국가 여성들이 생리용품을 더 쉽게 구할 수 있게 하는 것이다.

7. 쓰레기통에서 악취가 날 일이 없다: 쓰고 버린 생리대로 화장실 쓰레기통이 가득 찰 일이 없으므로, 쓰레기통 뚜껑을 열었을 때 불쾌하게 깜짝 놀랄 일도 없다.

단점

1. 자신의 피를 편하게 여겨야 한다: 생리대를 갈고 나서 뒤도 돌아보지 않고 접어서 쓰레기통에 던져 넣는 대신, 물에 담가놓아야 하기 때문이다(세탁기를 사용할 수 있다면 그래도 된다). 피가 잘 안 빠질 때는 살짝 비벼줘야 하는데, 이때 자신의 생리혈이 손에 닿는 것을 두려워하면 안 된다.

2. 외출 시 별로 실용적이지 않다: 하루에 몇 번씩 생리대를 갈아야 하므로 피가 묻은 생리대를 가방 속에 넣고 돌아다니기가 약간 난처할 수 있다(비닐봉투에 담아 가지고 다닐 수 있긴 하다). 특히 집에 돌아와서 생리대를 빨려고 하루 동안 쓴 생리대를 한꺼번에 꺼낸다고 생각해보라. 또 만약 사흘간 캠프를 떠나게 되었다면 집에 돌아와 생리대를 빨면서 얼굴이 찌푸려질 것이다.

3. 쉽게 구할 수 없다: 천생리대는 보통 인터넷으로 구입해야 한다. 어디서 사야 하는지, 적합한 모델과 가격은 어떤지를 좀 알아봐야 하므로 수고가 만만치 않은데다 배송료까지 지불해야 한다.

4. 티가 날 수도 있다: 천생리대는 일회용 생리대보다 약간 두툼하다는 단점이 있기 때문에, 아주 감쪽같이 안 보이게 할수는 없다. 따라서 몸에 딱 달라붙는 속옷을 입어야 그나마

덜 티가 난다.

5. 손이 많이 간다: 매번 생리대를 사용하고 난 다음에는 물에 담가놓은 뒤 빨아야 하고 통풍이 잘 되는 곳에서 말려야 한다. 따라서 시간도 많이 들고, 여분의 천생리대가 충분하지 않다면 곧 맨 엉덩이로 다녀야 할 수도 있다. 따라서 일회용 생리대보다 확실히 더 손이 많이 간다.

6. 약간 비싸다: 물론 가끔 한 번씩 사도 되기 때문에 매달 사야 하는 일회용 생리대보다는 비용이 덜 들지만, 처음에 천생리대를 여러 개 사놓아야 할 때는 예산이 넉넉하지 않은 사람들에게 부담이 될 수도 있다. 언제나 '집에서 만든다'는 선택지가 있기는 하지만, 기본 재료(천, 바느질 재료, 똑딱단추 등)도 사야 하고 재봉틀도 있어야 하기 때문에 만드나 사나 비용 면에서는 별 차이가 없다.

더 알아보기

- 대표적인 천생리대 제품: 당마퀼로트, 플림Plim, 세실린Ceciline, 릴리내피Lili Nappy, 루나패드Lunapads, 글래드래그스GladRags, 스쿤Skoon, 찰리바나나Charlie Banana, 파티 인 마이 팬츠Party in my Pants(우리나라에는 루나패드, 스쿤, 찰리바나나 등의 브랜드가 알려져 있으며 한나패드, 달이슬, 이채 등 국내에서 생산

되는 천생리대도 많아졌다-옮긴이)

낯설지만 신선한 충격, 생리 스펀지

이제 우리는 한 단계 더 나아갈 것이나. 낯설고 잘 알려지지
않은 세계를 향해 나아갈 것이며, 새로운 것을 찾으러 커튼을
젖히고 상점 안으로 더 깊숙이 들어가보려 한다.

스펀지 하면 대개 설거지할 때 쓰는 수세미를 떠올릴 것이
다. 뒷면에 거친 초록색 부직포가 있어서 저녁 설거지를 할 때
마다 쓸 수 있는 수세미 말이다. 또한 천연 스펀지라고 하면 화
장품 코너나 유기농 마켓에서 파는 클렌징 용품 내지는 큼지
막한 100퍼센트 자연산 바다 해면을 생각할지도 모른다.

대체 생리 스펀지는 무엇일까? 아마 당신은 하염없이 상상
의 나래를 펼치고 있을 것이다. 사실 유기농 마켓에서 볼 수 있
는 해면 스펀지와 그렇게 많이 다르지는 않다. 어쨌든 이 생리
스펀지라는 것도 바로 그런 종류의 스펀지이긴 하지만, 크기
는 더 작다(보통 질이 국그릇만큼 크지는 않으니까).

생리 스펀지도 탐폰이나 생리컵처럼 질 속에 삽입하며, 피
에 푹 젖으면 몇 시간 뒤 갈아준다. 그러고 나서 물로 헹군 뒤
다시 삽입한다. 처음 사용하기 전에 반드시 끓는 물에 소독해
야 하며, 항상 청결을 유지하도록 신경 써야 한다.

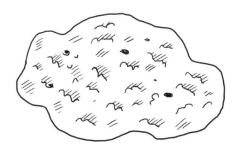

장점

1. 경제적이다: 칫솔처럼 스펀지도 정기적으로 바꿔줘야 하지만, 매달 사야 하는 일회용 생리대보다는 저렴하다. 제때 스펀지를 바꾸지 않았을 때 생리 스펀지가 어떻게 되는지 알고 싶다면, 몇 주간 사용한 주방 수세미의 상태를 떠올려보면 될 것이다.

2. 친환경적이다: 생리 스펀지는 100퍼센트 자연산이고 화학성분이 전혀 없다. 만드는 과정에서 지구를 오염시킬 일도 없고, 쓰레기를 마구 만들어낼 일도 없다.

3. 더 건강하다: 이론적으로는 탐폰에서 발견되는 화학성분이 없기 때문에 질을 더 건강하게 유지할 수 있다.

4. 성관계를 할 때 사용할 수 있다: 하지만 삽입하지 않는 성관계를 하는 것이 좋다. 삽입 성관계를 하다 보면 생리 스펀

지가 깊숙이 들어가서 손가락이 엄청나게 길지 않은 이상 빼내기 어려울 수도 있기 때문이다.

5. 더 편안하다: 스펀지가 제대로 삽입되면 아무 느낌도 나지 않을 것이다. 그리고 탐폰처럼 대롱대롱 매달린 실이 없기 때문에 생리를 하는지도 거의 느끼지 못할 것이다.

단점

1. 실이나 손잡이가 없다: 흠뻑 젖은 생리 스펀지를 꺼내려면 질 속으로 손가락을 깊숙이 집어넣어 더듬더듬 찾아야 한다. 다행히 스펀지가 피를 많이 흡수하면 할수록 중력이 작용할 것이고, 이론상으로는 분명 살짝 아래로 내려오게 되어 있다. 그러면 제 할일을 끝낸 생리 스펀지는 손가락으로 쉽게 잡을 수 있는 상태가 될 것이다. 하지만 스펀지가 질 속에 끼어버렸다는 얘기를 여러 번 들었으므로 어쨌든 조심하는 게 좋다. 끈의 역할을 하는 치실을 스펀지에 감아 쓰는 사람들도 있다던데, 생리 스펀지를 처음 쓰는 사람들에겐 이 방법이 불안감을 줄이는 데 도움이 될 수도 있겠다.

2. 위험 요소가 있다: 삶에도 부당한 측면이 있고 세상에 완벽한 것은 없듯이 생리 스펀지가 탐폰보다 반드시 몸에 덜 해롭다고 할 수는 없다. 사실 아무리 깨끗이 빤다고 해도 생리

스펀지(해면으로 만든 것일 경우)에는 질에 별로 좋을 것 없는 미생물들, 돌멩이, 바다의 더러운 물질들이 들어 있을 수 있다. 곰팡이는 말할 것도 없고 스펀지를 세척하거나 만들거나 보관하는 과정에서 여러 가지 문제가 생길 수도 있다. 앞서 여러 번 말했지만 이런 이유 때문에 가능성이 적긴 해도 독성쇼크증후군이 발생할 위험이 있다.

3. 빨기가 어렵다: 질 속에 삽입하기 전에 스펀지를 속속들이 깨끗이 빨고, 소독하고, 오염되지 않을 만한 곳에서 잘 말려서 확실히 스펀지가 깨끗한지 확인할 수 있어야 한다. 말하자면 거의 완전무결할 정도로 위생적인 환경이 요구되는데, 그렇다고 이 스펀지에 찌꺼기나 박테리아가 전혀 없다고 장담할 수는 없다.

4. 집 밖에서 사용하기는 불편하다: 공공장소에서 스펀지를 교체하려면 화장실을 자유자재로 이용할 수 있어야 하는데, 대부분은 그러기가 쉽지 않다. 그래서 사생활 보호라는 측면에서 볼 때 생리 스펀지는 생리컵보다 화장실에서 처리하기가 더 까다롭다(몇 초 만에 세면대에서 몰래 빨 수도 있겠지만).

5. 자신과 반드시 잘 맞아야 한다: 동굴탐사를 하듯 질 속에 손을 집어넣어 스펀지를 찾을 때 두려움을 가지면 안 된다. 생리컵을 사용할 때 이미 힘든 경험을 했다면, 굳이 생리 스펀

지에 익숙해지려고 애쓸 필요는 없을 것 같다. 생리컵은 컵을 잡을 때 손가락 전체에 피를 묻히지 않을 수 있지만, 생리 스펀지는 짜내고 헹구고 다시 삽입하기 전에 잘 말리는 과정에서 피를 온전히 피할 수 없기 때문이다.

6. 쉽게 구할 수 있다는 보장이 없다: 유기농 마켓이나 몇 군데 인터넷 사이트에서 구할 수는 있지만, 생리 스펀지는 가장 구하기 어려운 생리용품 중 하나다.

더 알아보기

– 대표적인 생리 스펀지 제품: 망시 아나에Mensi Anaé, 베피 Beppy(우리나라에는 이제 생리 스펀지의 존재가 알려지기 시작했다-옮긴이)

생리대 없이 편안하게, 생리 팬티

전에는 '생리 팬티'라고 하면 다 늘어난 고무줄로 천 조각을 고정하거나 바느질을 해서 꿰맨 낡은 팬티를 떠올렸다. 이 속옷은 핏자국이 남아도 상관없었기 때문에 생리할 때는 그것만 입었다. 요즘은 생리를 할 때 입을 수 있도록 특별히 제작된 속옷을 지칭하며, 생리혈이 새는 것(그리고 생리혈이 샜을 때 생기는 축축한 느낌)을 방지하기 위해 작은 흡수지가 덧대어

생리를 더 잘 겪어내는 방법

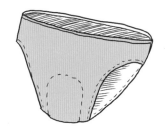 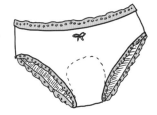

있다.

대부분의 생리 팬티는 생리대의 보조적 역할(보통은 이런 이유로 생리 팬티를 입는다)을 하거나 보완적으로 안전을 보장하기 위해 만들어졌다. 그러나 요즘 생리 팬티는 질이나 외음부를 갑갑하게 하는 생리대나 다른 위생용품을 전혀 착용하지 않고, 속옷에다 마음껏 피를 흘릴 수 있게 만들어졌다. 따라서 양이 많지 않은 날이라면 옷에 피가 묻지 않도록 해주면서 생리혈을 흡수하고, 하루 종일 보송보송한 상태를 유지할 수 있다.

장점

1. 친환경적이다: 몇 년이고 빨아 입을 수 있는 팬티보다 더 친환경적인 용품을 찾기는 어려울 것이다. 마구 버리지만 않

는다면 말이다.

2. 경제적이다: 생리컵 및 재활용 가능한 다른 생리용품에다 생리 팬티까지 작은 컬렉션을 갖춘다면, 남은 생리 기간 내내 분명 많은 돈을 절약할 수 있을 것이다.

3. 질 건강을 유지할 수 있다: 생리 팬티만 입는다면 질 내 플로라를 교란할 일이 없을 것이다. 또한 감염이나 염증이 생길 위험이 거의 없다.

4. 더 편안하다: 용도나 양에 따라 적절한 모델을 선택한다면 더 큰 자유로움과 편안함을 느낄 수 있을 것이다. 편안함에서 이것을 능가하는 용품은 없으며, 생리대처럼 한쪽으로 쏠리는 일도 없고 위치를 잘못 잡아 당신을 당황시키는 일도 없을 것이다. 생리 중인 날도 여느 날과 비슷할 것이고 바뀌는 것은 속옷뿐이며, 생리를 한다는 사실이 거의 느껴지지 않을 것이다.

5. 다양한 모델이 있다: 사각팬티, 끈 팬티, 삼각팬티, 여성적인 것, 남성적인 것, 단색인 것, 무늬가 있는 것 등 생리 팬티의 종류는 각양각색이다. 생리 주기의 각 단계에 따라 옷장에 어울리는 모든 속옷을 구비한 귀여운 컬렉션을 만들어보는 건 어떨까.

단점

1. 구하기가 힘들다: 아직은 인터넷 사이트 몇 군데에서만 구입 가능하다. 어디서 파는지 알게 되면 그나마 다행이지만, 어쨌든 열심히 수소문을 해야 한다. 아직 프랑스에는 생리 팬티라는 개념이 전해지지 않았기 때문에 주로 영어권 사이트를 찾아봐야 한다.

2. 매우 비싸다: 아주 비싼 가격이 아주 큰 단점이라 할 수 있다. 질 좋은 생리 팬티를 원한다면 상당한 금액을 지불해야 한다. 생리를 하는 동안에는 보통 하나 이상의 팬티가 필요하기 때문에, 추가 비용이 금방 생길 것이다. 배송료는 말할 것도 없다. 좋은 생리 팬티는 개당 3~5만 원 정도 하는데, 만만치 않은 금액이다.

3. 흡수가 빠르지 않다: 생리가 흘러나와 생리 팬티에 흡수될 때(특히 생리 팬티의 용량이 자궁에서 한 번에 내보내는 피의 양보다 작을 경우) 약간 축축한 느낌이 들 수 있다. 처음에는 좀 낯설겠지만 익숙해지면 생리대를 찬 것과 별반 다르지 않을 것이다.

4. 손빨래를 해야 한다: 세탁할 때는 물에 담가놨다가 찬물로 손빨래를 하는 것이 좋다. 천생리대와 마찬가지로 물을 오염시킬 수 있다는 점에서 아주 친환경적이라고 할 수는 없다.

그래도 생리 팬티는 대체로 쉽고 빠르게 얼룩이 지워지기 때문에 손이 많이 가지 않고, 얼룩이 거의 저절로 빠진다고 보아도 된다. 당신이 정말 게으른 사람이라면 세탁기에 넣어도 된다(당연히 찬물로, 가장 약한 코스로 빨아야 한다).

5. 갈아입기가 쉽지 않다: 생리대는 하지 않고 생리 팬티만 입었는데, 오후쯤 생리 팬티가 흠뻑 젖었다고 상상해보자. 공공화장실에서 탐폰이나 생리컵을 교체하는 것조차 어려웠다면, 생리 팬티를 갈아입는 것은 어떨까? 만약 하루를 좀 더 확실히 평온하게 보내고 싶다면 다른 생리용품과 함께 사용하는 편이 좋다. 밖에 있는 시간이 길지 않거나 양이 적은 날이라면, 이런 일은 그렇게 많이 생기지 않겠지만 말이다.

더 알아보기

제품명: 팅크THINX, 디어케이트Dear Kate, 팬티프롭PantyProp, 루나팬티Lunapanties, 애니건Anigan, 모디보디Modibodi(우리나라에도 단순히 덧입음으로써 피가 새는 것을 방지해주는 위생 팬티의 개념에서 벗어나, 정말 생리대 대신 입는 생리 팬티의 개념이 알려졌다. 싸이클린이나 이브P팬티 등 국내 제품도 출시되었고, 여성들 사이에서 팅크나 컨피텍스Confitex 등 해외 제품들의 구매도 이어지고 있다-옮긴이)

생리를 더 잘 겪어내는 방법

본능적이고 자유로운 배출

몇 년 전부터 생리에 관한 대화에서 작은 소동을 일으킨 방법이 있는데, 바로 어떤 생리용품도 쓰지 않는 것이다. 이를 '본능적이고 자유로운 배출'이라고 하는데, 이 방법의 효용과 사용 가능성에 아직은 사람들이 동의하지 못하는 것 같다.

본능적이고 자유로운 배출이란, 이론적으로는 간단하지만 실용화될 수 있을지는 의문이다. 이 방법을 신봉하는 사람들은 우리가 소변을 보고 싶은 욕구를 참는 것과 같은 방법으로 생리가 나오는 것도 완벽하게 '조절할' 수 있다고 주장한다. 이들은 생리를 할 때 회음부를 조여서 피가 흘러나오는 것을 억제하는 훈련을 하고, 피가 나오는 것이 느껴질 때 화장실에 가서 변기에 떨어지도록 한다.

본능적이고 자유로운 배출에 관한 다양한 기사들과 유튜브 동영상을 믿는다면, 많은 사람들은 이 방법에 영적인 무언가가 있다고 생각하고 열성적으로 이 방법을 실천하는 것 같다. 이것을 숙달하는 훈련을 하려면 자기 몸, 특히 자궁과 질에 더 많이 귀 기울여야 한다. 이들은 원초적이고 신성한 여성성, 생명의 창조자라는 여성의 본질로 돌아가자는 이야기를 특히 많이 하고, 생리혈을 고귀하고 신성하며 경이로운 피로 보게끔 한다. 이 방법이 모두에게 적절하지는 않을 것이고, 더 새로

운 세대의 소수를 겨냥한 것일 수 있다. 그러나 이 방법은 젠더와 생식기관을 긴밀하게 연결시킨다(이렇게 되면 트랜스젠더들은 안타깝게도 이 담론에서 벗어난다).

이들은 여성이 갖고 있는 '내면의 힘'에 대해서도 이야기하는데, 이것은 자신의 몸을 통제하고 자신의 삶을 100퍼센트 제어하는 힘이다. 이렇게 보면 이 방법에는 실제로 독특하고 매력적인 무언가가 있다. 우리는 여성을 열등한 존재로 여기는 사람들을 하루에도 수없이 만난다. 그래서 기초적일 뿐 아니라 금기시되는 여성의 기능을 되찾는다는 생각은 어쩐지 더 매혹적인 것 같다. 생리가 우리를 통제하는 것이 아니라, 우리가 생리를 통제하는 것이다.

따라서 더 이상 생리는 호르몬이나 신체 기능에 지배당하지 않는 남성(이 부분에서 당신이 비웃는 소리가 들린다)보다 여성이 연약하고 열등한 존재라는 것을 알리기 위한 근거로서 우리에게 불리한 방향으로 이용될 수 없다. 불행하게도 어떤 사람들은 본능적이고 자유로운 배출을 할 수 없다면 자신을 통제할 수도 없다는 단순한 논리를 적용하는데, 그러면 다시 출발점으로 돌아오는 것이나 마찬가지다.

나는 이런 방법이 있다는 걸 알고 나서 장기적으로 쓸 수 있는지, 특히 활동적인 삶을 사는 사람들도 가능할지를 증언해달라고 부탁했다. 두 젊은 여성이 내 블로그 '생리의 열정'에서 이 방법을 해본 첫 경험을 들려주었다.

레나: 아무 일 없이 잘 지냈다. 나는 이미 흡수력이 그렇게 강하지 않은 생리대에 만족하던 참이었고, 생리를 할 때마다 이 생리대를 사용했다. 나는 내 느낌에 집중했고 이 방법이 성공할 거라고 확신했다. 기적이었다. 어떤 사고도 없었다. 나는 아기처럼 잠들었고, 날마다 조깅을 했다. 어떤 순간에도 생리혈

이 묻을까 봐 걱정하지 않았다. 평온하게 생리를 했다고까지 말할 수 있을 것이다. 난생처음 나의 질, 나의 난소와 하나되는 느낌이었다. 심지어 얇은 팬티라이너 하나만 하고 흰 바지를 입을 정도였다.

Y: 조금 낯설었다. 나는 지금까지 대부분 생리가 나오는 걸 느낄 수는 있었지만, 생리 배출을 조절할 수 있다는 사실이 좀 이상하게 느껴졌다. 유튜브에서 본 동영상 속의 여자들이 말한 것처럼, 나는 침대에 누워 "내 몸의 소리를 들었다." 그 느낌 자체는 생각보다 아주 낯설지는 않다. 왜냐하면 그저 화장실에 가고 싶은데 가지 못할 때 소변을 참는 것과 같기 때문이다. 혹은 어쩌면 여러분도 이미 그렇게 하고 있었는데 느끼지 못했을 수도 있다.

이 글을 읽다 보면, 당신도 이런 방법을 당연히 꿈꾸게 될 것이다. 그러나 과연 장기적으로 이 방법을 계속 쓸 수 있을까? 그래서 나는 이런 질문을 던졌다. "많은 남성과 여성이 집 밖에서 해야 하는 일들이 있으니, 전통적인 일상에서는 이 방법을 선택하기가 불가능하다고 생각한다. 당신은 평소에 어떤 일을 하는가?"

레나: 나는 소르본대학에서 복수전공을 하고 있는 학생이다. 아르바이트도 하고, 사회생활로 몹시 바쁜 날들을 보내기도 한다. 매우 활동적인 성격이며, 바로 이런 이유로 본능적인 배출이 큰 도움이 된다. 나는 어떻게 하면 몰래 화장실에 가서 생리대를 갈 수 있을지 더 이상 고민하지 않고 평온하게 생리를 할 수 있다.

Y: 나는 고정적으로 지하철-일-잠이 반복되는 생활을 한다. 외출도 별로 안 하고, 국내든 해외든 여행도 거의 하지 않는다 (고속열차를 타고 가다 생리가 시작됐는데 생리대가 없다면 다소 난감할 것이다. 이럴 때 생리혈을 조절해서 배출하는 기술이 있다는 사실에 감사하게 된다).

이 방법이 그렇게 쉽다면, 왜 지금까지 확산되지 않았을까? 간단히 말해, 현실적으로는 확실성을 보장할 수 없기 때문일 것이다. 의사들도 회의적인 입장이다. (방광에서 요도를 통해 흘러나오는) 소변과 (질을 통해 흘러나오는) 생리혈에는 큰 차이가 있다는 것이다. 질 근육이 잘 발달했다면 이 방법이 효과가 있을 수도 있겠지만, 생리혈이 흘러나오는 것을 '참을' 수 있으려면 질 근육이 얼마나 발달해야 하는지는 증명할 수 없다.

출산으로 인해 질의 탄력이 떨어지는 여성들은 어떨지도 의문이다. 게다가 생리혈은 몸 밖으로 내보내는 게 중요하지, 굳이 나오는 것을 참아서 억지로 몸속에 두는 게 반드시 최선의 방법이라고 할 수는 없다. 한마디로 생리혈은 몸속에 남아 있도록 만들어진 물질이 아니다.

나는 이 방법을 써봤다는 다른 여성들도 알고 있고, 피가 나오는 걸 '참는' 데 실패한 뒤 다시 전통적인 방법으로 돌아가려고 화장실로 달려가는 여성들도 많이 봤다. 반대로 생리혈의 양이 아주 적은 사람들은 훨씬 쉽게 성공할 수 있을 것 같다. 그러나 이것은 논리와 중력의 문제일 뿐이다. 피가 질에서 흘러나올 것 같은 순간을 실제로 느낄 수 있다 해도, 생리혈이 밖으로 흘러나오기 전에 제때 화장실에 갈 수 있다고 무슨 수로 보장하겠는가. 우리에게 해로울 수 있는 생리대 사용을 줄이고 보다 큰 자유로움을 느끼는 것이 목표라면, 내 생각에 최선의 방법은 여전히 앞에서 다루었던 생리 팬티 쪽일 것이다.

그러나 중요한 것은 생리를 하는 방법에 옳고 그름이 없다는 사실을 기억하는 것이다. 당신에게 알맞고 당신의 생활방식과 건강 상태에 맞는 방법을 찾았다면, 아무도 그것을 이렇다 저렇다 판단할 수 없다. 당신의 몸 그리고 그와 관련된 결정은 오로지 당신의 것이니까.

생리를 더 잘 겪어내는 방법

어떻게 생리통을 줄이거나 없앨 수 있을까

일상에서 생리의 의미나, 생리에 대처하는 다양한 방법에 대해 숙지했다면 이제 이 모든 것을 실생활에 적용해보자. 달마다 찾아오는 고통스러운 골칫거리로만 여겨지던 생리를 어떻게 하면 더 잘 치러낼 수 있을까? 어떻게 하면 생리를 뼛속까지 증오하거나 자기 몸을 저주하는 대신, 보다 평온하게 생리를 할 수 있을까? 어떻게 하면 매달 찾아오는 생리에 대한 관점을 바꿀 수 있을까?

나는 약 15년간 생리를 해오면서, 생리란 동료들에게 내가 여드름이 잔뜩 난 추한 두꺼비처럼 보이도록 만드는 저주라고 생각했다. 그러나 마침내 생리를 저주가 아닌 다른 것으로 볼 수 있게 해주는 몇 가지 기술과 사고방식을 알게 되었다. 내가 이렇게 생리라는 경이로운 세계를 모험하며 발견한 열매를 혼자 간직하기보다는, 더 많은 사람들과 공유하고 싶은 마음으로 이 책을 썼다.

나는 질병이나 신체적 장애가 없으며, 이 조언들은 매우 개인적인 경험에서 비롯된 것임을 먼저 말해둔다.

식습관을 신경 써라

당신과 나의 생리 패턴이 유사하다면, 생리를 시작할 날이 다가올 무렵 당신은 '식신'으로 변신해 시도 때도 없이 먹을 생각만 할 것이다. 그러다가 식욕이 좀 가라앉으면, (보통 이런 일은 드물긴 하지만) 익힌 채소 한 그릇과 케일-바나나-치아시드 스무디를 한 통 만들어서 먹는다. 나는 생리전증후군이 최고조일 때 쇼핑하는 실수를 범한 날에는 구입한 물건들로 줄을 세운 사진을 찍어놓기도 했고, 설탕이나 나쁜 지방을 엄청나게 많이 섭취해서 최고 몸무게를 경신하기도 했다.

개인적으로 나는 생리하기 전과 생리하는 동안에는 모든 걸 내려놓고, 꼬치꼬치 따지지 않고 내 욕구에 굴복하기로 했다. 이런 행동들이 생리통을 악화시키건, 내 동맥을 막히게 하건 내 미각을 즐겁게 하고 매달 희생당하는 내 자궁의 비명을 잠재울 수만 있다면 말이다.

하지만 좀 더 책임감 있는 방법을 택하고 싶거나 그저 내 말 따위는 무시하고 싶다면, 생리를 하는 동안 효과를 볼 수 있는 많은 식품들이 있다는 걸 명심하기 바란다. 이 식품들은 생리통이나 생리전증후군을 진정시키는 데 도움이 되며, 당신의 몸이 초콜릿 바에 베이컨을 얹어 먹고 싶다고 아우성치는 순간에도 훨씬 더 건강한 식이요법을 채택할 수 있게 해준다.

예를 들어 산딸기 잎을 우려 마시면 생리통을 완화하는 데 좋다고 한다. 생리 기간에는 평소보다 두 배 정도 물을 더 많이 넣어 우릴 것을 권한다. 하루 종일 마실 수 있는 커다란 컵을 준비하면 훨씬 좋을 것이다. 산딸기 잎으로 별 효과를 못 봤다거나 구하기가 힘들다면 어떤 차를 선택하든 상관없다. 어쨌든 카페인을 피해야 한다는 것만 꼭 지키면 된다. 당신이 차를 마시지 않는다면 또 다른 쉬운 방법도 있다. 바로 큰 물병을 가지고 다니며 물을 많이 마시는 것이다. 쉽고, 경제적이고, 효과적인 방법이다.

선택할 수 있는 식이요법은 무궁무진하다. 일반적으로 건강에 좋은 음식이라고 널리 알려진 것을 찾아보고, 건강에 나쁘다는 음식들은 피하면 된다. 아주 간단하다. 예를 들어 과일은 좋고, 패스트푸드는 나쁘다. 씨앗이나 호두는 괜찮지만 감자칩은 별로다. 녹색 채소는 좋은 생각이지만 길모퉁이에서 파는 토스트는 별로 이상적이지 않다.

너무 짜거나 자극적인 음식도 피하는 게 좋다. 물론 이런 음식을 먹지 말라는 말은 많이들 하지만 보통 그 말을 무시하게 된다. 왜냐하면 간을 안 하고 구운 고기는 실이 안 달린 탐폰처럼 아무 의미가 없으니까. 그래도 생리할 때만큼은 이런 음식을 피하면 좋다.

차와 달인음료

견과류

바나나

녹색채소

콩

다크 초콜릿

대신 칼륨과 마그네슘이 풍부한 음식을 찾아라. 좋은 식품 군을 먹는다면 아무래도 잘못 선택할 가능성이 훨씬 줄어들 것이고, 몸에도 아주 좋을 것이다. 매일 섭취해야 하는 5대 과 일과 채소의 신성불가침한 규칙을 지키도록 하자. 이 식품들 에는 당신에게 필요한 비타민뿐 아니라 수분도 풍부하기 때문 이다. 그러면 당신의 피부는 네 가지 치즈가 든 피자로 닦은 듯 한 지하철 창문이 아니라 정상적인 상태를 되찾게 될 것이다. 물론 빅맥을 먹을 때만큼 만족스럽지는 않을 것이다. 하지만 햄버거는 당신의 생리에 몹시 해롭고, 따라서 나는 뭔가 긍정 적인 결과를 가져올 만한 방법을 제안하는 것이다.

배를 따뜻하게 하라

이것은 아마 당신이 생리를 하면서 가장 먼저 배운 기술 중 하나일 것이다. 따뜻한 물로 채운 핫백을 아랫배나 허리에 올 려놓으면 몸을 편안하고 몽롱하게 하는 열기가 밀려오면서 생 리통이 잦아든다. 나는 오늘도 핫백을 배 위에 올려놓았는데, 편안함과 쾌락의 단계에서 최고를 10이라고 한다면 8 정도의 만족감을 느꼈다. 핫백이 없을 때는 플라스틱 병에 뜨거운 물 을 채워 수건으로 감싸주면 더 안전하게 사용할 수 있다(뜨거 운 물에 델 수도 있기 때문이다). 이렇게만 해도 이미 목숨은 건

진 셈이다.

앞서 뜨거운 물에 델 수도 있다고 했는데, 당연하다고 생각하겠지만 그래도 다시 한 번 짚고 넘어가는 것이 좋겠다. 핫백은 '뜨겁다.' 피부가 델 정도로 뜨겁다. 그러니 조심하기 바란다. 내가 굳이 이렇게 말하는 이유는 당신을 네 살짜리 어린애 취급해서가 아니라, 내가 직접 그런 경험을 해봤기 때문이다. 생리통이 너무 심해서 허리에 핫백을 대고 잠이 들었는데, 일어나 보니 등에 화상이 생긴 것이다. 이 기막힌 모험의 상처는 아직도 남아 있다.

한 가지 아직도 납득할 수 없는 사실은, 피부가 말 그대로 핫백 아래서 익어가는 동안 내가 어떻게 잠에서 깨지 않았을까 하는 점이다. 뜨거움보다 생리통이 얼마나 심했으면 그랬을까, 나는 그냥 이렇게 이해했다. 거듭 말하지만 이런 것만 봐도 생리를 하는 여성들은 가벼운 상처는 웃어넘기고, 최악의 고통에도 눈썹 하나 까딱 않는 전사임이 확실하다. 뭐, 말하자면 그렇다는 얘기다.

체리 씨로 속을 채운 작은 쿠션을 마련해, 전자레인지에 수십 초간 데운 뒤 아픈 부위에 올려놓는 방법도 있다. 직접 만들어 쓰는 걸 좋아하는 사람이라면 천으로 된 주머니에 익히지 않은 쌀알을 채워서, 쌀알이 여기저기 흩어지지 않도록 입

생리를 더 잘 겪어내는 방법

구를 꿰맨 뒤 전자레인지에 어느 정도 데우기만 하면 된다. 바느질을 할 줄 몰라도 상관없다. 낡은 양말을 이용해, 내용물이 쏟아지지 않도록 입구를 끈으로 잘 묶어서 만들면 된다. 뜨거운 물에 몸을 담그거나 샤워를 하는 것도 아주 좋은 방법이다(나는 욕조가 없는 아파트에 살기 때문에 거의 스물여덟 시간 동안 샤워를 하고 있다).

최대한 배를 따뜻하게 할 수 있도록, 다음의 순서대로 따라 해보라.

1. 샤워나 목욕을 하라. 가능한 한 오래 욕실에 있어라(당신의 환경적 양심이 허락하는 한). 긴장을 풀고 가장 고통스러운 부위가 어딘지에 따라 아랫배나 허리에 샤워기를 댄다.

2. 굉장히 뜨거운 핫백을 준비해 침대 커버 아래에 놓아둔다.

3. 핫백이 침대를 덥히는 동안 옷장에서 가장 편안한 옷을 꺼내 입는다.

4. 따뜻한 이불 속으로 기어들어가 핫백을 배 위에 놓고 굼벵이처럼 몸 주위로 이불을 둘둘 만다.

5. 머리를 식힐 만한 것(드라마, 영화, 책, 라디오 등)을 미리 준비해도 좋고 아니어도 좋다. 이제 기력을 되찾을 수 있도록 잠 속으로 빠져든다. 번데기처럼 죽은 듯이 잔다.

이런 방법들에 진통제 한 알을 추가할 수도 있다. 의학의 진보를 굳이 이용하지 않는 건 어리석은 일일 테니까. 하지만 주목하라! 이 팁은 내 삶을 바꿔놓았다. 반드시 꽁꽁 숨어 있던 잔혹한 통증이 최고조에 이르기 전에 미리 진통제를 복용하라. 진통제의 효과가 나타나기를 기다리며 몸을 웅크리고 베개에 비명을 지르지 않으려면 말이다. 그러면 고통의 정점에 이르는 것을 피할 수 있다.

오르가슴을 느끼고 기운을 차려라

오르가슴은 마법이 아니라 과학이다. 오르가슴은 뇌와 몸에 메시지를 보내 도파민 분비를 자극하는데, 생리 기간에는 이 '쾌락의 호르몬'이 분비되는 양이 줄어든다. 도파민은 신체적으로나 감정적으로나 긴장을 풀어주기 때문에 탁월한 진통 작용을 한다(두통과 복통은 물론 재수 없는 날의 스트레스, 걱정, 뇌를 오염시키는 모든 것 등 귀찮고 성가신 많은 일들을 진정시키는 작용을 한다). 당신은 혼자서 혹은 파트너와 함께 수천 가지 방법으로 오르가슴을 영위할 수 있으며, 이 방법에는 돈도 들지 않는다. 따라서 원하는 만큼 할 수 있다. 이후 기운을 차릴 수 있게 낮잠을 푹 자고 나면, 즉 절대적인 휴식이 보장되면 더할 나위 없이 좋을 것이다.

물론 이 방법이 누구에게나 효과가 있는 건 아니며, 또한 그럴 욕구도 반드시 필요하다. 욕구가 없는데 억지로 하는 것은 소용없고, 장점보다 단점이 더 클 수 있으며, 추구하는 것과 정반대가 될 수 있다. 언제나 당신의 머리와 몸이 하는 말에 귀를 기울여라. 성관계를 맺고 싶지 않다면(생리 전후 혹은 생리

기간에) 그냥 당신이 하고 싶은 대로 하면 된다. 그 순간을 결정하는 것은 바로 당신이니까.

요가를 하라

요가는 모든 문제를 해결해줄 수 있는 만능 해결사다. 나도 이 사실을 너무나 잘 알고 있고 모든 사람이 입에 침이 마르도록 그렇게 이야기한다. 나는 요가가 많은 사람에게 실제로 아

생리를 더 잘 겪어내는 방법

주 좋은 방법이 될 거라고 확신한다. 하지만 누군가가 나한테 생리 중에 운동을 하라고 하면, 그런 망언을 하는 사람에게 대포알이라도 쏘고 싶은 심정일 것이다. 이건 전적으로 내 생각이고, 이것이 절대 기준이 될 수는 없다.

생리를 하는 동안 스트레칭을 하거나, 일반적이고 가벼운 운동을 하면 몸에 굉장히 이롭다. 본능적으로 되도록 움직이지 않고 가능한 한 아무 일도 하지 않으려 하겠지만, 그것이 꼭 생리로 인한 고통에 맞서는 효과적인 방법은 아닌 것 같다. 근육을 살살 달궈 이완시키면 생리통과 좀 더 효율적으로 싸울 수 있다.

부드러운 운동을 하고 싶을 때 요가는 정말 가장 좋은 해결책이 될 수 있다. 적절한 키워드로 검색을 한다면 생리통을 가라앉히고 고통을 줄여주는 데 딱 맞는 운동을 쉽게 찾을 수 있을 것이다. 당신이 전사의 정신을 갖고 있다면 집에서도 간단히 몇 가지 운동을 할 수 있다. 팔굽혀펴기, 스쿼트, 턱걸이 등 당신에게 알맞은 방법을 선택하면 된다. 이도 저도 마음에 들지 않는다면 걷기도 좋은 방법이다. 어쨌든 몸을 움직여야 한다. 당신이 그럴 마음만 있다면.

긴장을 풀어라

이것이 어쩌면 가장 중요한 포인트일지 모른다. 어떤 방법을 택하든 긴장을 푸는 것이 가장 중요하다. 어쨌든 당신의 자궁이 미친 듯이 리듬을 타며 줌바 댄스를 추기로 마음을 먹었기 때문이다. 그러니 자궁은 저 한쪽 구석에서 짜증을 내라고 내버려두고, 몸의 나머지 부분들은 긴장을 풀 수 있게 해주어야 한다.

어떤 방법을 택할지는, 모두 당신의 선택과 욕망에 달렸다. 자기 몸의 긴장이 가장 잘 풀리는 방법은 누구보다 자신이 잘 알고 있는 법이니까. 명상이나 호흡 및 이완 연습이 될 수도 있고, 마라톤처럼 지속적인 무언가일 수도 있으며 보다 수동적인 운동일 수도 있다.

또는 뜨개질이나 컬러링북(요즘은 색칠공부를 어린애들만 하지 않는다. 성인들 사이에서도 컬러링북이 유행이다)을 할 수도 있고, 웹서핑을 하거나 양말을 분류할 수도 있으며, 목공을 하거나 생리통을 사라지게 할 마법의 의식을 만들어낼 수도 있다. 혹은 침대 머리에서 먼지를 뒤집어쓰고 있는 헌책을 천 권 정도 내리 읽거나, 즐겨 찾는 사이트 또는 좋아하는 블로그에서 지난 글을 읽어도 좋고, 콜라주를 하거나 그림을 그릴 수도 있으며, 유튜브에서 튜토리얼 동영상을 보며 새로운 소질을 개발할 수도 있다. 말하자면 몸은 괴롭히지 않되 생각을 집중할 수 있는 일이면 무엇이든 좋다. 당신의 아랫배에서 자궁이 사투를 벌이고 있다는 사실을 잊을 수 있도록 주의를 흩뜨려놓을 수만 있다면 말이다.

스트레스를 많이 받으면 생리통이 더 심해질 수 있다. 그러나 안타깝게도 모두가 은둔자처럼 살 수는 없으며, 사회생활을 하다 보면 주야장천 인큐베이터 속에 틀어박혀 있을 수는 없는 노릇이다. 그러나 자신의 몸을 더 생각하고 몸이 필요로하는 휴식을 취할 수 있도록, 매일 반복되는 폭풍 속에서 잠시차분하게 보낼 수 있는 시간을 찾는 것은 스스로 해야 할 몫이다.

자기만의 생리

내 생리는 내 친구의 것이 아니라 '나의 것'이라는 사실을 받아들인 순간, 생리를 보는 나의 관점과 방식은 완전히 바뀌었다. 그리고 내 생리를 이해하기로 결정한 방식에 대해서는나 아닌 그 누구도 왈가왈부할 수 없다.

나는 대단히 운 좋게도 재택근무를 했다. 이 말은 곧, 어쩔 수 없이 밖에서 일해야 하는 사람들에 비하면 나는 자궁 때문에 아주 사소한 일이나 행동조차 불가능할 때도 굉장한 이점이 있었다는 뜻이다. 앞으로 나올 내용을 읽는 동안 이 사실을 기억해두는 것이 좋겠다. 거듭 말하지만 이것은 내 개인적인 경험에 대한 이야기이기 때문이다.

나에게 생리는 정화의 기간이다. 내 머릿속에서 생리는 그렇게 부정적이거나 혐오스럽게 들리지 않는다. 말하자면 생리는 나 자신을 위한 작은 고치를 짓는 것과 같다. 한 달에 사나흘을 이 고치 안에서 포근하게 지낸 뒤, 여기서 천천히 빠져나와 산 자들의 세계로 다시 돌아오는 것이다.

생리는 내가 나 자신을, 내 몸을, 내 주변을 돌아볼 기회이기도 하다. 나를 가장 즐겁게 하는 것, 죄책감 없이 쉴 수 있게 해주는 모든 일을 하는 것이다. 생리를 하는 동안 나는 동물들이 털갈이를 하듯 다시 태어난다. 나는 생리를 영적인 무언가로 보는 사람들에 속하는데, 즉 그 기간에 내가 상상하는 그런 신비한 여성성에 다가가는 것이다.

그러나 이것은 내 이야기다. 나는 달의 주기를 따르고, 내 자궁은 신성한 기관이며, 내 피는 조상의 힘으로부터 물려받은 것이라고 상상하는 게 좋다. 이런 관점 덕분에 내 생리를 긍정적으로 볼 수 있게 되었기 때문이다. 이것은 일반적인 해결

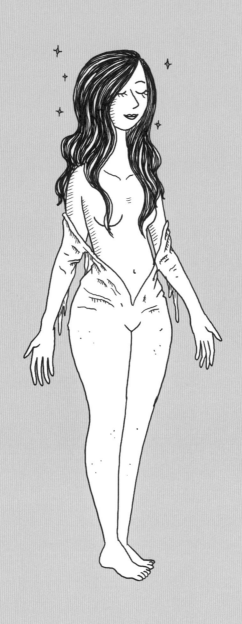

책이 아니라 '나만의' 해결책이다.

생리는 실험 기간이기도 한데, 내 생리는 내가 열다섯 살 때, 스무 살 때, 스물다섯 살 때 각각 달랐기 때문이다. 이번 생리는 다음번 생리와 180도 다를 수 있기 때문에, 언제나 같은 방식으로 다뤄질 수 없다. 따라서 나는 지금까지 여러 가지 방법을 시도했고, 여러 가지 생리용품과 여러 가지 생리통 치료법을 시험해봤다. 어떤 때는 생리대를 차고 있는 게 거추장스러워, 속옷을 입지 않고 생리 스펀지만 하고 자본 적도 있다. 혹은 자유롭게 피를 흘릴 수 있도록 특수 제작된 속옷을 입어본 적도 있다(이 속옷을 사용하려면 적응 기간이 필요한데, 왜냐하면 보통 피가 흥건한 속옷을 보면 즉시 '으악, 샌 거 아냐?'라는 생각이 떠오르기 때문이다). 이렇게 내 생리를 조금씩 길들였다.

나는 내 생리혈을 유심히 지켜봤는데, 나에게 어떤 건강상의 문제가 없는지 확인하기 위해서이기도 했지만 무엇보다 생리를 더 잘 이해하기 위해서이기도 했다. 피의 색깔이나 감촉에 따라 생리가 늦었는지, 곧 끝날 것인지, 건강에 문제가 있는지를 알 수 있었다.

나는 생리를 더 자유롭게 이야기할 수 있게 되었지만, 어떤 때는 생리 중에 외출을 거부하기도 했다. 왜냐하면 나 자신에게만 신경 쓰고 싶고, 사람들과 소통하기보다는 방에 틀어박혀 고통을 참는 편이 나았기 때문이다. 사람들과 함께 있는 동안에는 고통을 숨겨야 했으니 평소보다 기분이 좋을 리 없었다. 생리 때문에 모임 참석을 취소해야 하는 일도 드물지 않았다. 생리는 내 현실의 일부였고, 목이 아플 때 외출을 삼가는 것처럼 컨디션이 좋지도 않은데 억지로 모임에 나가고 싶지는 않았기 때문이다.

그럼에도 친구들을 만나느라 외출을 할 수밖에 없는 경우에는 사실대로 말한다. 그리고 이 사람 저 사람 모여 있는 곳에 서서 돌아다니기보다는 앉아서 더 많은 시간을 보낸다. 허리가 너무 아프고, 저녁 내내 고통 때문에 발을 동동 구르며 있고 싶지는 않기 때문이다. 어떤 때는 너무 아파서 의자에 앉아 잠시 쉬게 해달라고 친구들한테 부탁한다. 시들시들 말라비틀어진 자두 꼴을 하고 서서 고통을 삼키고 있는 것보다는 그 편이 낫지 않겠는가.

물론 모든 상황에서 이런 일이 가능하지는 않다. 그러나 모임이나 직장에서 허락되는 한 나는 이런 방법 저런 방법 다 시도해보려고 한다. 이 모든 경험의 근간에는, 내 생리는 나의 것이고 나에게 어떤 방법이 정말 좋은지 알 수 있는 건 나밖에 없다는 믿음이 깔려 있다. 그 방법을 알기 위해서는 주기라든가 외적인 삶의 변화를 직접 테스트해보고 그 결과에 맞춰나가야 한다.

좋은 방법이 어떤 것이냐고 사람들이 물어오면 나는 이렇게 말한다. 당신의 생리는 오로지 당신의 것이다. 당신의 몸은 오로지 당신의 것이다. 따라서 가능한 한 당신에게 좋은 방법을 선택하는 것은 당신, 오로지 당신의 몫이다. 조언을 구하거나 최대한의 정보를 얻기 위해 외부세계로 눈을 돌리는 것도 중요하고, 특히 전문가에게 진찰을 받는 것도 중요하다. 그러나 일단 당신이 수집한 정보를 어떻게 활용할지는 스스로 결정해야 한다.

당신이 사용하는 피임법이나 생리용품이 적절하지 않다는 말을 남들이 하지 못하게 하라. 이런저런 방법들이 당신 몸에 해로울 수 있다는 걸 알고 있고, 그래도 어쨌든 그 방법을 써보기로 했다면 말이다. 왜냐하면 그 방법은 당신에게 도움이 되고, 당신을 더 편안하게 해주기 때문에 그걸로 충분하다. 그건 당신의 선택이니까. 다른 가능성과 정보에 대해 아는 것도 중요하지만, 결국 결정은 당신이 내리는 것이다. 당신의 몸과 개인적인 삶에서 무슨 일이 일어나는지 가장 잘 아는 사람은 당신이니까.

내 경우를 예로 들어보겠다. 나는 오랫동안 내 몸에 신경을 써왔고, 체외 생리용품에만 의존해왔다(이와 관련한 경험은 앞서 이야기했다). 그래서 생리컵 신봉자들이 내가 이 지구와 내몸에 좀 더 유익한 방법을 택하지 않는다며 나를 무분별한 사람 취급하고 훈계를 해댔을 때, 정말이지 그들 면상에 생리대를 집어던지고 싶었다. 나는 생리컵을 거부했다. 나는 내 몸을 끔찍이 소중하게 생각했기 때문에, 내 질 속에 낯설게 느껴지는 것을 집어넣고 싶지 않았다. 그러나 생리컵 신봉자들이 그런 사실을 알 리 없었고, 단순히 자기들 생각에 근거해 나를 질책하는 것이었다.

생리컵은 분명 장점이 많다. 그러나 모든 사람에게 다 그런 것은 아니며 그렇게 중요한 문제도 아니다. 생리컵이라는 게 존재하고, 그렇다는 사실만 알고 있으면 된다. 이런저런 이유로 생리컵이 당신에게 맞지 않다면(다시 한 번 말하지만 오로지 당신만 생각하라) 그게 바로 당신의 결정이다. 당신이 찾아보고 읽어보고 SNS에서 공유한 정보들을 가지고 무엇을 하건, 그것은 정보의 저자나 당신의 의견을 공유받은 사람의 문제가 아니라 당신의 문제다.

지금까지 이 책에 쓴 모든 내용과, 어쩌면 이 책 전체에서 이끌어낼 수 있는 교훈은 바로 이것이다. 당신의 몸과 그와 관련해 당신이 내린 결정들은 당신의 것이고, 다른 어떤 사람과도 무관하다. 당신이 몸속에 뭔가를 끼워 넣건 말건, 그것에 불만이 있는 사람들은 그저 자기 베개에 얼굴을 묻고 소리를 지르며 분노를 표출하면 될 일이다.

따라서 주저하지 말고 정보를 수집하고, 여러 방법을 시험하라. 물질과 가능성이 무궁무진한 이 세계에 존재하는 거대한 정보 시장에서 쇼핑을 하고, 적당한 방법을 찾을 때까지 자기만의 칵테일을 만들어보라. 6개월 뒤, 6년 뒤에는 그 방법이 맞지 않을 수도 있겠지만, 그건 그리 중요하지 않다. 그럴 때는 또 다른 방법으로 다시 테스트해보면 된다.

당신의 몸과 마음이 편안해야 한다는 것이 가장 중요하다. 당신이 모든 정보를 손에 쥐고 있음을 확신하고, 그것을 바탕으로 당신은 물론 당신의 부모님, 배우자와 친구들, SNS 팔로워들 등과 상의해서 당신에게 가장 적합한 것으로 결정을 내리면 된다.

생리할 때 생기는 이상한 궁금증

~~~~~~

- 혹시 생리하다가 내 자궁이 빠져버리는 일은 없을까?
- 생리가 늦어지고 있는데, 나는 마지막 생리 이후 섹스를 한 적이 없다. 그렇다면 혹시 성모 마리아처럼 새 메시아를 잉태한 것은 아닐까?
- 사육사를 쫓아가는 아기 코알라 동영상을 보고 나는 대체 왜 울었을까?
- 자궁에 칼을 꽂는다면, 그 고통이 생리통보다 덜할까 더할까?
- 별것도 아닌 광고를 보고 그렇게 울부짖는 내가 과연 정상일까?
- 내가 생리통이 잦아들기를 기다리며 배를 부여잡고 데굴데굴 구른다고 해서 사람들이 알아채기나 할까?
- 속이 더부룩한 게 생리 때문일까, 아니면 진통제 때문일까? 아니, 세상은 나한테 왜 이렇게 잔인할까?
- 화장실에 쓰레기통도 갖다놓지 않다니! 도대체 이 술집 주인은 생각이 있는 건가?!
- 내가 원래 이렇게 못생겼었나? 그런데 왜 아무도 그 사실을 알려주지 않았지?
- 지금 내 자궁을 제거해버린다면 정말 후회하겠지?
- 왜 탐폰 박스에는 시리얼 박스처럼 깜짝 선물이 없을까?

생리 주기 알아내는 방법

생리 주기가 규칙적이든 아니든, 호르몬 피임약을 사용하든 아니든, 현재 생리 1년차이든 2년차이든, 생리 주기를 잘 관찰하면 여러 가지 좋은 점이 있다. 우리는 21세기에 살고 있으므로, 다음 생리 예정일을 달력에 빨간 점으로 표시하는 방법 말고도 더 편리한 기술을 이용할 수 있다. 바로 모바일 애플리케이션이다.

현재 다양한 애플리케이션(클루Clue, 플로Flo, 글로Glow, 내 생리 주기My Cycle Period, 생리 주기 추적기Menstrual Period Tracker 등)이 나와 있다. 그중 나는 클루를 사용하고 있으며 이 앱이 생리하는 사람 대부분에게 가장 잘 맞을 거라고 생각한다. 그렇지만 생리 예정일, 배란일 등 당신이 특히 관찰하고 싶은 것이나 현재 사용하고 있는 피임법 등 당신의 필요에 따라서 가장 적합한 앱을 고를 수 있는 건 바로 당신뿐이다(우리나라에는 '핑크 다이어리', '생리달력' 등의 앱이 나와 있다-옮긴이).

생리 주기를 관찰하면 다음의 몇 가지 사항들을 알 수 있다.

1. 생리를 언제 시작할지 알 수 있다: 이것이 기본적인 목적이다. 생리가 매달 정해진 날짜에 시작하지 않는다거나 언제

생리를 할지 자꾸 잊어버린다면, 앱을 열어보는 것만으로도 생리에 대비할 수 있다. 더 좋은 점은, 당신이 가지고 있는 가장 예쁜 레이스 속옷을 망치지 않도록 생리 예정일 며칠 전에 알림을 보내주는 앱들도 있다는 것이다.

2. 배란일을 알 수 있다: 아이를 낳고 싶은가? 앱을 이용하면 언제 작업에 돌입해야 할지 최적의 시기를 알 수 있다(며칠 정도는 오차가 있을 수 있는데, 정확도를 높이고 싶다면 배란 테스트기를 함께 사용해야 할 수도 있다). 임신을 원하지 않는가? 그렇다면 어느 날짜를 피해야 할지 알 수 있다. 개인적으로 나는 요즘 배란이 될 때 몸으로 느낄 수 있다는 사실을 이해하게 되었는데, 전에는 결코 그런 경험을 할 수 없었다. 심지어 어떤 사람들은 배란기마다 어느 쪽에서 배란이 되는지까지 정확히 알 수 있다고 한다(배란은 양쪽 난소에서 한 달에 한 번씩 번갈아 일어난다). 또 어떤 사람들은 한쪽 난소에서 배란되는 것만 느낄 수 있다고 말했다. 즉 두 달에 한 번만 느낄 수 있는 것이다. 그러니 경험을 해보고, 몸의 소리를 들어라. 당신의 몸은 할 말이 아주 많으니까.

3. 사소한 불쾌감에 주의를 기울여라: 복부에 팽만감이 느껴지는가? 유방에 통증이 있는가? 특별히 당기는 음식이 있는가? 두통이 있는가? 머리카락이 푸석푸석하고 뻣뻣한가? 앱

생리를 더 잘 겪어내는 방법

을 열어보면 당신의 생리와 관련된 사항들이 있을 것이다. 증상이 느껴질 때마다 앱에 메모하라. 달마다 그런 증상들이 반복된다면 다음에 어떤 조치를 취해야 할지 알 수 있을 것이다.

각 앱마다 조금씩 다른 특징이 있다. 앱에 가장 마지막으로 접속한 날짜는 언제인가? 앱의 다른 사용자들과 정보를 동기화하면 주변 사람들의 생리를 관찰할 수 있고, 그들도 당신의 생리를 관찰할 수 있다. 이렇게 하면 누가 생리전증후군을 겪고 있는지, 누가 언제 배란을 하는지 정확히 알 수 있다. 이것은 기술의 진정한 혁명이다.

생리와 성생활

내 블로그에 들어오는 문의사항을 보면, 거의 매일 똑같은 질문이 두 가지 올라와 있는 걸 확인할 수 있다.

"생리하는 동안에도 섹스할 수 있나요?"
"생리하는 동안에도 자위할 수 있나요?"

두 질문 다 대답은 간단하고 동일하다.

"절대적으로, 한 치의 의심조차 없이, 그럴 수 있다."

이상적인 섹스는 서로 동의한 사람들끼리 서로를 공유하는 행위이며(둘이 하건 그 이상이 하건 남이 판단할 일이 아니다), 지금 하고 있는 행위에서 서로가 서로를 위하고, 상대방(들)을 존중하는 만큼 자신을 존중하는 것이다. 이제까지 한 번 혹은 그 이상 성경험을 해본 사람이라면, 실제로는 섹스가 늘 앞의 설명과 똑같지도 않고 그다지 간단하지도 않다는 사실을 잘 알 것이다. 섹스에서 동의란 절대적으로 중요하며 언제나, '언제나' 이것을 확실히 해야 한다.

그러나 단지 동의를 했다고 해서 기분 좋은 성관계를 할 수 있는 것은 아니다. 바로 이런 점에서 소통이 중요하다. 모든 사람이 같은 인생역정, 같은 가치관, 몸이나 섹스에 대해 같은 생각을 갖고 있는 것은 아니다. 어떤 두 사람 사이에 욕구가 존재한다고 해서 그 사람들이 우리와 완전히 똑같은 경험을 가졌을 거라는 원칙을 세워서도 안 된다. 우리가 어떤 사람과 정말 잘 맞는 섹스를 했다고 해서, 그 방법이 모든 사람에게 적합한 것은 아니기 때문이다.

섹스와 관련해서 기억해두어야 할 것들을 알아봤으니 이제 우리가 관심을 갖고 있는 주제, 즉 생리 중 섹스에 집중해보자.

앞서도 말했듯이 모든 사람의 삶이 똑같지는 않기 때문에, 이에 대해 극도로 혐오감을 느끼는 사람도 있고 무관심한 사람도 있으며, 유난히 흥분하는 사람도 있다. 나는 이론적으로 누구도 생리 중 섹스에 혐오감을 느낄 필요가 없다고 생각하지만, (성별에 관계없이) 대다수가 혐오감을 느낄 수 있다는 점을 간과할 수는 없다. 즉 당신도 이 문제에 대처할 줄 알아야한다. 생리 중 섹스에 대한 혐오감이 반드시 신체적 기능 자체에서 생겨나는 것은 아니다. 일반적인 피에 대한 공포, 특히 피가 질병을 옮길지도 모른다는 공포를 느낄 수 있다. 따라서 이들을 모두 한 가지 부류로 뭉뚱그려 보는 것은 아무 소용도 없고, 정당한 일도 아니다.

이런 혐오감이 생리와 관련되어 있다면, 그것은 어디서 비롯되었을까? 교육의 소산일까, 종교적 믿음일까, 아니면 트라우마를 겪은 경험 때문일까, 선천적인 것일까, 혹은 지식이 부족한 탓일까. 혐오감에 대한 원인은 깊이 파헤쳐볼 가치가 있으며, 문제의 원인을 알아야 문제를 해결할 수 있다. 그러므로 나는 생리에서 극적인 요소를 없애고 꼭 생리뿐만이 아니라 우리의 몸을 모두가 자유롭게 대할 수 있도록 무던히 애썼다. 그렇지만 내 노력이 생리에 관한 모든 논의의 싹을 잘라버리는 사회운동이 되기를 바라지는 않는다. 또한 생리를 다른 관점으로 발전시켜 나가고자 한다면 각자의 의견을 존중하는 것이 중요하다고 생각한다. 활동에 진전이 없을 수 있다는 사실을 인정해야 하고, 또한 새로운 생각이 자라나기를 희망하면서 마음속에 씨앗을 뿌리는 데 만족해야 한다는 사실을 인정해야 한다. 하지만 항상 그렇다는 건 아니다.

자, 지금까지 이론적인 문제를 다루었으니 이제 실천적인

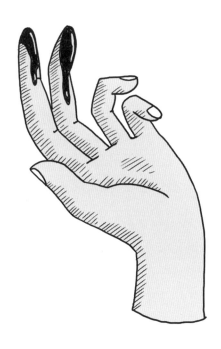

생리를 더 잘 겪어내는 방법

문제로 넘어가자. 생리를 하는 동안 섹스를 할 수 있을까? 할 수 있다. 생리 중에 섹스를 꼭 해야 하는가? 그렇지 않다. 절대로. 할지 말지 결정하는 것은 당신이다. 당신은 자신에게만 해당하는 수많은 이유를 들어 이 문제를 불편하게 생각할 권리도 있다.

만약 당신이 생리 중에 섹스를 하기로 결정했다면, 행동에 옮길 때 기억해야 할 몇 가지 기본 원칙이 있다. 이것이 그냥 되는 대로 할 만한 문제는 아니기 때문이다.

파트너에게 미리 고지하라

당신에겐 생리 중에 섹스를 한다는 생각이 하나도 불편하지 않을 수 있지만, 당신의 파트너도 반드시 그렇다는 법은 없다. 다시 한 번 말하지만 이유는 중요하지 않다. 상황이 진지해지기 전에 파트너에게 생리 중이라는 사실을 분명히 알려라. 그래야 일이 저질러지기 전에 파트너가 미리 결정을 내릴 수 있기 때문이다.

이것은 예의의 문제다. 그다음에는 파트너의 반응에 따라, 혹시 거부할 경우에는 거부하는 이유에 따라 이것이 긴 토론을 할 가치가 있는 문제인지 아닌지를 결정하기 바란다.

보호 조치를 취해라

당신이나 파트너가 서로 어떤 질병이 있는지 확인해보지 않은 상태라면, 필히 당신을 보호할 수 있는 조치를 취해야 한다. 물론 이건 모든 성관계에 해당되는 내용이지만, 특히 생리 중에는 더 주의해야 한다. 여러 체액이 교환되는 이 성대한 무도회에 한 가지 요소가 추가되기 때문이다. 한창 뜨거운 순간에 이런 원칙들을 잊기 쉽다는 건 잘 알지만, 그래도 원치 않는 결과를 만나고 나서 후회하는 것보다는 낫다(단, 생리 중에는 질의 자정 능력이 떨어져 감염에 취약해지는 데다 이때 삽입 섹스를 하면 피가 역류하면서 여러 가지 자궁 질환이 발행할 수 있다는 연구 결과가 있어, 일부 전문가들은 이를 피하라고 권하기도 한다는 점을 참고하라-옮긴이).

피임을 잊지 마라

모든 사항을 잘 체크했고, 아무런 걸림돌 없이 마치 포켓몬 카드를 교환하듯 안전하게 체액을 교환할 수 있는 신호가 켜졌다고 하자. 그렇다 해도 그것이 피임을 소홀히 할 이유가 되지는 못한다.

많은 사람들이 믿고 있는 것과는 달리, 생리 중에도 임신할 가능성은 분명히 있다. 물론 드물기는 하지만 그래도 그런 일은 일어난다. 생리를 방패 삼아 모든 주의사항을 무시하려 하지 마라. 원치 않는 임신으로 하룻밤의 추억을 망쳐버린다면 얼마나 딱한 일이겠는가.

침대보를 보호하라

침대보에 피가 묻으면 세탁할 일이 끔찍하다. 침대를 범죄현장으로 둔갑시키지 않으려면, 역사적인 축제를 시작하기 전에 침대보가 엉망이 되지 않도록 큰 수건을 깔아라. 그렇게 하면 침구 전체를 갈지 않아도 된다. 침대보를 가는 건 아마도 세상에서 가장 고통스럽고 하기 싫은 일 중 하나임에도 불구하고, 생리 중에도 사랑을 나누고 싶은 마음은 변하지 않기 때문이다. 가까이에 수건을 한 장 두고 이런 불상사에 대비하라. 그러면 상황이 극적으로 바뀔 것이다.

부끄러워할 필요는 없다

이 조언이 아마도 가장 까다롭지 않을까 한다. 아마 당신이 생리는 뭔가 자신의 품위를 떨어뜨리는 것이라고 생각하며 자랐다면, 섹스 중 갑자기 돌발 상황이 일어나 어떤 경고 증상도 없이 생리가 시작된다는 생각만 해도 공포감에 휩싸일 것이다. 심지어 이 생각을 하면서 아직 완전히 극복하지 못한 과거의 순간으로 다시 돌아가, 수치심에 얼굴을 붉힐지도 모른다.

나는 한 번 이상 이런 일을 겪었고, 처음 만난 파트너들과는 이런 일이 다반사였다(좋은 첫인상을 주는 것은 당시 나에게 굉장히 중요한 문제였다). 심지어 파트너가 침대보를 빼는 동안 엉덩이에 묻은 피를 닦아내느라 샤워부스에 쭈그리고 앉아 운 적도 있다. 마치 극악무도한 범죄를 저지르고 난 뒤 당장 여기서 벗어날 궁리를 하는 범죄자의 심정이었다.

한편으로 생각하면 당황스러운 것도 당연하다. 예를 들어 초대받은 집의 소파에 포도주를 쏟았을 때처럼 결코 유쾌한 상황은 아니니까. 그러나 여기서 가장 중요한 핵심을 짚어내야 한다. 그것은 우발적인 사고이고, 따라서 죄책감 가질 필요 없다는 것이다. 일부러 그런 게 아니니, 그거면 된 것이다.

게으름을 부리다 화장실에 못 가서 침대에 오줌을 싼 상황과는 다르다. 생리는 참을 수 있는 것이 아니며, 어떤 때는 아무 예고 없이 시작하는 일이 생기기 때문이다. 침대보에 생리혈이 묻었다면 물론 당황스러울 수는 있지만 별일 아닌 일이며, 빨면 그만이고 아니면 새로 사면 된다. 영원히 계속되는 것도 드라마틱한 것도 아니다. 물론 순간적으로는 수치스러운 생각이 들 수도 있고 좀 난감할 수도 있지만 전혀 그럴 필요가 없다. 관계 중에 갑자기 그런 상황이 생길 수 있으니까. 그렇다고 당신이 뭔가 잘못한 건 절대, 당연히 아니다.

이 글을 읽고 있는 당신이 생리를 하지 않는 사람이고, 만약 파트너와 함께 있다가 그런 일을 맞닥뜨렸다면, 유감스럽지만 냉정을 유지하라. 상대를 안심시키고 대범하게 대처하라. 누가 당신 얼굴에 염산이라도 부은 것처럼 행동하지 마라. 그런 행동은 상황을 악화시킬 뿐이다.

당신이 섹스를 즐기고 있었다면 이 일은 두 사람 사이에 유쾌한 추억으로 남을 수도 있고, 누구에게나 일어날 수 있는 사소한 사건이며, 섹스는 영화와는 전혀 딴판이라는 사실을 증명해준다. 어쩌면 그렇기 때문에 더 다행스러운 일일지 모른다. 이런 일들은 우리가 진짜 인간이고, 진짜 삶을 살고 있다는 뜻을 내포하기 때문이다. 제 기능을 하는 자궁과 질을 가진 사람과 섹스를 하는 그 순간부터, 우리는 이런 종류의 위험에 노출된다. 그것은 시작부터 명심해야 할 사실이며, 그렇지 않으면 순식간에 복잡한 일이 벌어질 것이다.

누구에게도 이런 수치심을 주지 마라. 당신의 사생활에 이런 수치심이 끼어들게 하지 마라. 그것은 아무짝에도 쓸모없고 비생산적이며 생리에 대한 끔찍한 평판을 강화할 뿐이다.

누구도 당신에게 강요하지 않는다

내가 앞서 많은 이야기를 했고 당신이 이미 알고 있는 정보도 있겠지만, 이런 것들 때문에 당신이 생리 중 섹스에 끌린다고 결정해야만 한다는 건 아니다. 어쩌면 그것이 당신과 전혀 맞지 않을 수도 있고, 사방에 피를 흘리지 않으려면 사전 준비를 해야 한다는 게 진절머리가 날 수도 있으며, 그냥 모든 게 다 불편할 수도 있다.

하지만 이유야 어떻든 결정은 당신이 내리는 것이다. 생리 중 섹스가 당신을 생리라는 금기에 잘 맞서지 않는 사람으로 보이게 할까 봐 싫은 게 아니기 때문이다. 또 한 번 사적 영역과 공적 영역을 구분해야 하는 지점이다. 당신은 이 방법을 써 봤고 그게 마음에 들지 않았을 수 있다. 하지만 꼭 생리 중 섹스에 찬성하지 않아도 사람들이 생리에 대해 다시 생각해보게 만들 수 있다. 또한 어떤 파트너와는 이 방법을 함께할 수도 있지만 다른 파트너와는 그렇지 않을 수도 있고, 혹은 전혀 불가능할 수도 있다. 누가 알겠는가?

중요한 것은 당신이 이 방법을 좋다고 생각해야 하고, 신뢰해야 한다. 특히 억지로 해서는 안 된다. 당신은 "아니오"라고 말할 권리가 있고, 생각을 바꿀 권리가 있으며, 관계를 하다 멈출 권리도 있다. 당신의 몸에 마음대로 접근할 수 있는 유일한 사람은 바로 당신이며, 다른 사람은 그럴 권리가 없기 때문이다. 당신이 열다섯 살 이후로 계속 관계를 맺고 있는 사람이라도 그럴 권리는 없다.

나와 같은 부류의 사람들이 생리라는 금기에 대해 나누는 모든 이야기는 두 가지 중요한 축으로 나뉘는데, 바로 정보에의 접근과 선택의 중요성이다. 나는 당신에게 모든 가능성과 상상할 수 있는 모든 예를 보여주었다. 당신에게 알맞을 뿐 아니라 당신의 삶을 가장 쉽고 유쾌하게 만들어줄 수 있는 방법을 찾아, 풍부한 정보를 갖고 결정을 내릴 수 있도록 말이다. 나머지는 당신이 할 일이다.

무엇이 됐건, 당신의 몸에 관련된 것에 대해서는 다른 사람이 강요하게 하지 마라. 특히 섹스에 관한 것이라면 말이다.

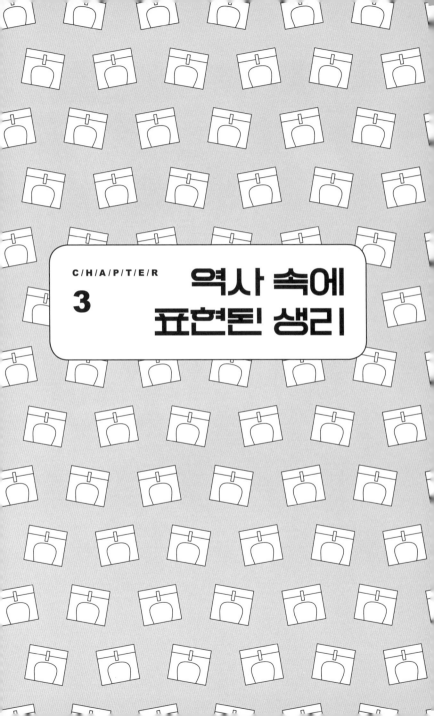

C/H/A/P/T/E/R

3

역사 속에
표현된 생리

몇몇 인류학자들, 특히 영불 작가인 로버트 브리폴트Robert Briffault의 글을 읽어보면 금기라는 뜻의 '터부taboo'는 원시 폴리네시아어인 '투푸아tupua' 또는 '타푸아tapua'에서 직접 유래한 것으로 보인다. 이 단어들의 어원을 살펴보면 '신성한'이라는 뜻과 '월경'이라는 뜻이 담겨 있다. 이러한 주장이 사실이라면 인류와 생리혈은 오래전부터 관계가 있었고, 생리는 인류 초기부터 금기시되어 왔다고 생각할 수 있다.

나는 역사학자도 인류학자도 아니며, 내 성급한 판단은 술자리를 위해 남겨두는 편이 낫다고 생각하기 때문에 이야기를 그 정도까지 거슬러 올라가지는 않을 것이다. 그러나 생리와 생리가 금기시된 근원에 관심을 갖기 시작하면 관련 정보는 특히나 외설스러워진다. 그럼에도 이런 해석에 확증을 심어줄 출처들이 거의 없기 때문에, 이에 대해서 공개적으로는 더 이상 거론하지 않는 편이 나을 것 같다.

신화에서 나타나는 선입견

실제로, 그냥 사실에 기초해서 설명하면 되는데 왜 어원적 가설에 집착하겠는가? 모르긴 해도 동굴에 살았던 최초의 인간이 옆에 있는 여자의 다리 사이로 피가 흘러나오는 것을 본 이래로, 종교인·과학자·샤먼·마법사 혹은 평범한 남자들이 만들어낸 생리 및 그것이 상징하는 위험에 관한 가설들은 끊임없이 확산되었다. 누군가는 불결하면서도 강력한 이 피에 대한 진실의 겉모습을 바로잡는 데 과학이 열성을 기울였다고 믿을지 모르겠다. 그러나 뒤에서 살펴볼 것처럼 우리의 그런 믿음과는 반대로, 거짓되고 때로는 위험하며 가장 원시적인 믿음에서 비롯된 결론이나 그와 유사한 생각들을 전파하는 데 과학이 오랫동안 기여해왔다.

그렇다면 일신론을 내세우는 세계 3대 종교는 생리를 어떻게 설명하고 있을까? 다른 많은 주제에 대해서도 마찬가지이지만, 이들 모두 첫째로 여성은 생리하는 동안 불결하다, 둘째로 남성은 생리혈과 절대, 절대 접촉하면 안 된다는 사실에 거의 동의하고 있다. 이런 내용은 성서와 토라^Torah(유대교의 율법-옮긴이)에 적혀 있다.

여자에게서 무엇인가 흐를 경우, 곧 그곳에서 피가 흐를 때에 그 여자는 이레 동안 불결하다. 그 여자의 몸에 닿는 이는 모두 저녁때까지 부정不淨하게 된다. 그 여자가 불결한 기간에 눕는 자리는 모두 부정하게 된다. 그가 앉는 자리도 모두 부정하게 된다. 그 여자의 잠자리에 몸이 닿는 이는 모두 옷을 빨고 물로 몸을 씻어야 한다. 그는 저녁때까지 부정하게 된다. 무엇이든 그 여자가 앉는 물건에 몸이 닿는 이도 모두 옷을 빨고 물로 몸을 씻어야 한다. 그는 저녁때까지 부정하게 된다. 잠자리든, 또는 그 여자가 앉는 물건이든 그것에 몸이 닿는 이는 저녁때까지 부정하게 된다. 어떤 남자가 그 여자와 동침하면, 그 여자의 불결한 상태가 그에게 옮아 이레 동안 부정하게 된다. 그 남자가 눕는 잠자리도 모두 부정하게 된다. _레위기 15장

코란에는 이렇게 쓰여 있다.

월경은 불경하다. 월경 중에는 아내를 가까이 하지 말고, 순결해질 때까지 아내와 육체관계를 하지 마라. 그러나 아내가 정

결한 상태가 되면 알라께서 정해주신 것처럼 아내와 관계를 하라. 알라는 회개하는 자들과 몸을 깨끗이 하는 자들을 사랑하신다. ＿코란 2장 222절

유대교에서는 많은 여성들이 '니다Niddah'라는 율법에 따른다. 여성이 생리 중일 때 남성과 여성의 육체관계가 일체 허용되지 않는다는 내용이다. 결혼한 부부 사이라도 동침하지 않는다. 생리가 끝나면(보통 7일이 걸리지만 주기가 긴 경우는 더 늘어날 수 있다) 여성은 미크바 또는 미크베mikveh라는 목욕통에 몸을 담그는 의식을 행해야만 정결함을 되찾을 수 있고, 이를 통해 다시 주변의 남성들과 정상적인 삶을 영위할 수 있다.

따라서 생리에 접근하는 방식은 세 종교가 다 비슷하다. 피를 멀리해야 하고, 숨겨야 하며, 피의 부정함을 씻어내야 하고, 자신의 남자를 오염시키지 않도록 주의해야 한다. 그러지 않으면 신이 격노할 것이다. 이것이 억압이 아니고 무엇이겠는가.

그런데 원래 생리는 매우 매혹적이고 심지어는 찬양의 대상이기도 했다. 무엇보다 그것은 다산의 상징이었다. 인류 초기에 다산을 하는 여성보다 더 귀한 것이 무엇이었겠는가? 달의 주기(이것 역시 여성의 신성과 연관된다)와 생리 주기가 같은 방식을 따른다는 것을 확인한 사람들의 머릿속에 어떤 생

각이 스쳐갔을지 상상해보자.

따라서 과거 인류는 여성들이 본질적으로 신성한 무언가를 품고 있다고 여겼다. 게다가 생리에는 그 본질부터 인간적인 특징이 있는데, 생리를 하는 동물이 거의 없기 때문이다. 최근 조사한 바에 따르면 포유류 중에 생리를 하는 동물로 뾰족뒤쥐와 박쥐가 있기는 하나, 생리는 대체로 인간의 특권이라 할 수 있다.

종교가 급격히 가부장적인 성향으로 선회하기 전, 여신들은 사람들의 믿음 속에 중요한 자리를 차지하고 있었고, 특히 다산과 관련된 여신들은 숭배를 받았다. 그러나 오늘날에는 다수의 원시 조각상이나 미술품에서 겨우 그들의 모습을 찾아볼 수 있을 뿐이다.

원시시대에는 여성과 그들의 출산 능력이 없으면 살아남을 수 없음을 알고 있었다. 그래서 여성과 출산 능력을 보호하는 데 관심을 가졌다. 오늘날 남성의 우월성을 확립하기 위한 논거로 남성이 강한 힘을 가졌고, 목숨을 위협하는 가장 위험한 약탈자에게 맞설 수 있으며, 용맹한 사냥꾼으로서 자신이 속한 집단에 필요한 것을 구해다 줄 수 있다는 사실을 내세운다. 하지만 나는 이런 논거에 대해, 남성의 생명은 (여성보다) 덜 중요하고, 남성은 전투에서 목숨을 잃을 수도 있지만 여성들은 자손, 덧붙여 인류의 영속을 보장하기 위해 무슨 일이 있어도 보호되어야만 한다는 논거로 감히 맞설 것이다. 그러나 이것은 따로 논의되어야 할 문제다.

사실인즉 생리의 매력은 급속도로 혐오로 바뀌었고, 남성은 생리에 대해 가장 말도 안 되는 이론들을 퍼뜨리기 시작했다. 결국 이런 일들은 오늘날에도 여전히 전 세계 곳곳에서 계속해서 벌어지고 있으며, 가장 이성적인 사람들조차 방향을 잃게 만들고 있다.

예를 들어 아리스토텔레스의 이론을 살펴보자. 이 정직한 사내는 생리가 여성의 열등함을 나타내는 반박할 수 없는 증거라고 확신했다. 그의 이론에 따르면 생식에서 여성은 수동적인 역할을 할 뿐이다. 여성은 숙주 역할을 하는데, 그것이 전부다. 태아에게 정신의 정수와 영혼을 부여하는 것은 정자이고, 반면 여성들은 정자가 가진 모든 능력이 삽입될 수 있는 육체적 껍데기를 제공할 뿐이다.

또한 아리스토텔레스는 생리혈이 정자에 대응하는 여성적 짝(그러나 아무 역할도 하지 않는)이며, 그 둘이 합쳐져 생명을 탄생시킨다고 확신했다.

수컷은 운동의 형태와 원리를 품고 있고, 암컷은 육체와 물질을 품고 있다. 마찬가지로 젖이 응고되는 현상에서, 젖은 육체적인 것이고 응고의 원리를 갖고 있는 것은 유장, 즉 응유효소다. 수컷이 나뉘어 암컷 안에 품고 있는 것을 만들어낼 때와 같은 작용이다. (…) 따라서 수컷을 동인이자 주체로 볼 수 있고 암컷을 일종의 수동적인 것으로 볼 수 있다면, 암컷은 수컷의 정자에서 정자가 아니라 물질을 가져온다는 결론을 도출할 수 있다. 이것이 바로 그런 경우로 보이며, 여기서 월경의 성질은 배아의 원료 역할을 한다. (…) 월경은 전혀 순수하지 않은 정액이며, 아직 동화elaboration가 필요하다. 열매가 맺힐 때도 이런 과정을 관찰할 수 있다. 과육의 상태는 좋지만 아직 완전히 여과되지 않았다면, 더 정화된 상태가 되기 위해 동화될 필요가 있다. 또한 정액에 섞이면 이 물질은 정화된 양분과 섞여 자손을 낳기도 하고 영양을 공급하기도 한다. _아리스토텔레스, 《전집Oeuvres Complètes LCI/57》

"하하하, 이 그리스 사람이 대체 뭐라는 거야!"라며 웃음을 터뜨리고 싶을지 모르겠다. 하지만 불과 200년 전에야 이런 믿음이 사라졌다는 사실을 알아두기 바란다. 한 가지 더 추가하자면, 아리스토텔레스는 인간의 여성적 형태가 기형에 지나지 않는다는 증거가 바로 생리라고 거리낌 없이 주장했는데, 왜

역사 속에 표현된 생리

냐하면 생리를 하는 여성은 생식 능력이 없는 수컷에 불과하기 때문이다. 우리는 몇 세기에 걸쳐 고속도로처럼 뻗어나간 이 허튼소리의 향연에 내던져지고 말았다.

아리스토텔레스 이전에 히포크라테스(맞다, 미래의 의학도들이라면 반드시 서약을 해야 하는 바로 그 선서의 주인공이다)가 이미 비슷한 주장을 펼쳤다. 어쨌든 마지막으로 나는 아리스토텔레스가 도처에서 '자궁은 동물'이라고 말한 점을 비판한다. 그는 자궁이 여성의 몸속을 돌아다니며, 주로 후각에 이끌리고, 임신이 되기까지 너무 오랜 시간이 걸리면 폭발하는 경향이 있다고 말했다. 당시 이런 믿음은 세간에 널리 퍼져 있었으며, '부인병'으로 불리는 많은 질병들을 설명하는 데 이용되었다.

전문가들이 여성의 건강을 우선순위에 두지 않았기 때문에, 여성 질환들은 심각하게 다루어질 기회가 없었다. 그러나 우리의 위대한 친구 지그문트 프로이트Sigmund Freud는 그의 히스테리 이론으로 우리에게 큰 감동을 주었다('히스테리'는 그리스어 '히스테라hystera'에서 왔고, 이것은 물론 '자궁'을 뜻한다는 사실을 기억하자). 히스테리는 19세기에 엄청난 바이브레이터 붐을 일으켰다(바이브레이터는 의료용 마사지 기구로, 성적인 의미가 거의 없었다. 당시에는 삽입과 사정이 필수적이라는

견해가 굳건했고, 여성의 오르가슴은 큰 관심사가 아니었기 때문이다).

그러나 고백하건대 앞으로 소개할 인물은 그야말로 내 마음을 완전히 사로잡았다. '월경'이라는 단어 옆에 그 이름이 등장한 것을 봤을 때부터 내 심장은 애정으로 두근거렸다. 그는 한 번도, 단 한 번도 나를 실망시킨 적이 없기 때문이다. 그의 글은 읽어도 읽어도 싫증나지 않는다. 매번 책을 읽을 때마다 이 지구상에서 그 어떤 남자도 느끼게 해주지 못했던 그런 강렬한 기쁨으로 나를 채우는 새로운 보물을 발견한다.

그는 바로《박물지Naturalis Historia》의 저자 대大 플리니우스 Gaius Plinius Secundus이다.《박물지》는 서기 77년경에 출간되었으

역사 속에 표현된 생리

며 37권으로 구성된 전집이다. 당시 이 자상한 플리니우스가 체면을 지킬 줄 아는 모든 훌륭한 로마인들의 보편적인 교양에 필수적이라고 판단한 정보들을 수집해 집대성한 백과사전이라고 볼 수 있다. 그는 이 방대한 지식의 샘물을 가꾸기 위해 2,000권 이상의 작품을 읽었다고 말했으며, 특히 군대에서 겪은 개인적인 경험들을 덧붙여 옮겨놓았다.

이 전집은 수학, 물리학, 지리학, 인류학, 동물학, 약리학, 광물학 등 모든 주제를 망라한다. 간단히 말해 이 37권을 다 읽어낸 사람(1권에만 서문과 차례, 색인이 있다)이라면, 무식한 사람으로 보일까 봐 엉덩이에 땀 날 걱정 없이 어떤 사업상의 만찬이라도 거뜬히 소화해낼 수 있을 것이다.

반대로 오늘날 《박물지》 속 경험을 되풀이하고 싶다고 떠벌이는 사람들은 피하는 게 좋겠다. 비록 내가 이 전집을 전부 훑어볼 영광을 갖지는 못했지만, 적어도 한 가지는 장담할 수 있다. 바로 생리에 관한 엉터리 정보들을 산더미처럼 발견하게 될 거라는 사실이다. 엉터리 정보들이라고 했지만, 이런 부류는 아니다. "하하, 그는 생리가 질이 아니라 배꼽에서 나온다고 말했어. 바보 같으니." 그보다는 이런 오류라 할 수 있다.

월경혈만큼 해로운 것은 찾아보기 힘들다. 월경을 하는 여

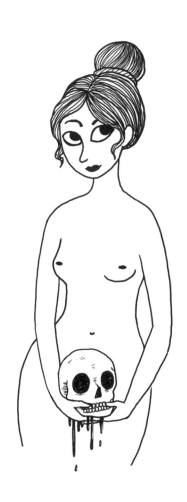

성이 다가가기만 해도 달콤한 와인이 시어지고, 그 여성이 만지기만 해도 곡식이 낟알을 맺지 않고 가지가 시들며, 뜰에 심은 식물들이 말라 죽는다. 월경을 하는 여성이 앉았던 나무의 열매는 떨어지고, 그녀가 본 거울은 광택이 사라지며, 강철 검은 부식되고, 상아의 빛깔은 탁해진다. 꿀벌들은 벌통에서 죽고, 청동과 쇠에는 곧 녹이 슬며, 역한 냄새가 뿜어져 나온다.

이 피를 맛본 개들은 사나워지고, 이 개들이 물어뜯은 상처에는 그 무엇으로도 치유할 수 없는 독이 퍼진다. 게다가 끈적끈적한 물질인 역청은 연중 특정 시기에 유대 지방의 아스팔타이트 호수(사해死海의 고대 이름-옮긴이) 위에 뜨는데, 그 무엇으로도 나뉘지 않고 그것에 닿으면 뭐든지 달라붙는다. 그러나 월경혈에 들어 있는 병균에 감염된 실로는 역청을 가를 수 있다. 개미 같은 아주 작은 동물도 그 영향을 감지할 수 있어서, 월경을 하는 여성이 곡식을 먹다 떨어뜨려도 그것은 먹지 않는다. 이런 독성을 지닌 월경은 30일마다 여성에게 다시 찾아오고 석 달마다 더 강력해진다. _《박물지》 28권 23장

언젠가 이 모든 게 진실로 밝혀질 날이 온다고 상상해보라. 우리가 오늘날에도 여전히 가부장적인 사회에 살고 있다고 생각하는가? 어떤 밭 가까이 걷기만 해도 한 농부의 수확물을

쓸모없게 만들 수 있다거나, 개를 살짝 건드리기만 해도 치명적인 무기로 만들 수 있다면, 몇 세기 동안 여성들이 계속해서 그렇게 무분별한 짓을 했을 거라고 정말로 믿는가?

물론 37권 중에 두 단락이면 극히 일부에 지나지 않는 것 아니냐고 말할지도 모른다. 그러나 앞서 말한 것처럼 플리니우스는 결코 나를 실망시키지 않았고, 두 단락에서 멈추지도 않았다. 안 그래도 이미 터무니없는 이 잔치에 그는 한마디 더 덧붙인다.

그래서 더 이상 한계는 없다. 우박, 회오리바람, 벼락 등 창공에서 일어나는 모든 폭풍은 월경을 하는 여성이 옷을 벗으면 방향을 바꾼다. 바다에서는 월경을 할 필요도 없다. 옷을 벗는 것만으로도 폭풍우를 잠재울 수 있기 때문이다. 우리가 다른 데서 월경을 언급한 것처럼(7권 13장) 흉측한 것들을 만들어내는 월경은 그 자체로 불길한 전조들을 끌어낼 수 있다. 다른 것들을 가져올 수 있게 해보자. 월경이 월식이나 일식과 동시에 일어난다면 월경이 야기하는 해악은 돌이킬 수 없다. 달이 사라진 때 월경을 해도 마찬가지다. 이때 교미를 하면 수컷에게 치명적인 죽음을 초래할 수 있다.

역사 속에 표현된 생리

잘 이해했는가? 곧 폭풍우가 대륙에 다가올 것이다. 마침 당신이 생리를 하고 있다면 옷을 홀딱 벗는 것만으로 폭풍우를 간단히 멈추고 그것이 시작된 곳으로 돌려보낼 수 있을 것이다. 당신이 남자친구에게 싫증이 났는데 쫓아버릴 수 없다면, 생리와 일식이 겹칠 때 남자친구와 동침하라. 그러면 귀찮은 사람과는 이젠 안녕이고, 그의 무덤 위에는 튤립이 놓일 것이다. 물론 일식이 날마다 일어나는 것도 아니고, 일식이 일어나는 그 순간에 생리를 시작할 리도 만무하다. 하지만 이런 비밀병기가 있을 가능성만 봐도 나쁘지 않은 일 아닌가.

하지만 대 플리니우스는 대단히 똑똑한 사람이고 생리가 세상에 긍정적인 영향을 미칠 수 있다는 말도 했으니 안심하기 바란다.

또 어떤 시대에는 밀밭 근처에서 벌거벗고 있는 여성의 몸에서 월경혈이 흐르면 송충이, 유충, 풍뎅이 및 여러 해충들이 죽는 것을 볼 수 있었다. 스켑시스의 메트로도루스Metrodorus of Scepsis는 이런 현상이 카파도키아(터키 중부의 아나톨리아 중동부를 일컫는 옛 지명-옮긴이)에서 발견됐다고 했다. 가뢰(곤충의 일종-옮긴이)가 급격히 번식해 여성들이 치마를 걷어 올리고 그곳의 밭을 돌아다녀야 했다는 것이다. 다른 곳에서는 여성들이 맨발로 머리와 허리띠를 풀어 헤치고 다녔다고 하는데, 씨앗이 말라버릴 수도 있기 때문에 반드시 해 뜰 무렵에 하도록 주의해야 한다. 이런 상태의 여성과 접촉하면 어린 포도나무가 썩거나, 당장 거리의 담쟁이를 죽일 수도 있다.

더 긍정적인 경우는 생리혈에 환각을 일으키는 의학적 효과가 있다는 것이다.

> 디라키움의 비투스가 주장하건대, 월경을 하는 여성의 모습을 비춰 흐릿해진 거울은 이 여성이 거울 뒤에서 거울을 보면 다시 반짝반짝 빛이 나며, 월경의 모든 나쁜 영향은 노랑촉수라 불리는 물고기를 갖고 있으면 사라진다. 한편 월경혈의 해로운 성분에 의학적 효과가 있다고 보는 사람들도 부지기수다. 따라서 한 방울 정도만 국소적으로 사용해야 하고, 이런 상태에 있는 여성들은 나력(결핵성 경부 임파선염), 이하선, 종기, 단독 erysipelas, 부스럼, 눈의 충혈 등을 가라앉힌다고 믿었다. 라이스Laïs와 살페Salpé에 따르면 미친개에게 물린 상처와 사나흘 간격으로 나타나는 간헐열은 월경혈과 검은 숫양의 양털을 섞어 은팔찌에 둘러놓으면 낫는다. _《박물지》 7권 13장

그러나 어쨌든 여성을 너무 몰아붙여서는 안 된다.

여기, 이러한 정화의 소극笑劇이 수없이 펼쳐진다. 그런데 이런 상태에 있는 여성이 벌통을 건드리면 꿀벌들이 떠나버리고, 가마솥에 든 아마천은 검게 변하며, 이발사의 손에서 면도날은 무뎌지고, 이 여성의 손이 닿은 구리 화병은 악취를 풍기고 녹이 슬며, 특히 달이 기우는 기간에 이 여성이 만삭인 암말을 만지기만 해도 유산시킬 수 있다는 것은 더 확실하다. 게다가 처녀성을 잃은 다음 첫 월경을 하거나, 혹은 처녀인데 초경을 한 여성의 경우 아무리 멀리서 쳐다봐도 유산을 시킬 수 있다.

이건 그나마 나은 것 같다. 이런 주제에 관심이 있다면 대 플리니우스의 글들을 인터넷에서 더 찾아보라. 또한 '월경'이라는 용어가 들어 있는 자잘한 연구들을 추가로 살펴본다면 이 주제에 관해 훌륭한 이야깃거리들을 더 많이 얻을 수 있을 것이다. 아침마다 대 플리니우스의 글을 몇 줄 읽는 것만으로도 나는 하루 종일 최상의 컨디션을 유지할 수 있다. 특히 내가 생리 중이고 길에서 개를 마주친다면 더할 나위 없을 것이다.

좀 더 진지하게 말하자면 이렇다. 이런 말도 안 되는 설명을 읽거나, 과거에는 이런 내용이 진실이라고 믿었고 심지어 몇 세기 동안 유지되어왔다는 사실을 아는 것만으로도 정말 놀라 나자빠질 만하다. 그러면서 이런 믿음에는 수시로 새로운 혹이 붙었다. 예를 들어 프랑스에는 "생리 중인 여자는 마요네즈를 만들 수 없다(실제로 프랑스의 질의응답 사이트에는 '왜 생리 중인 여자는 마요네즈를 만들 수 없다고 하나요?' 같은 질문이 올라와 있기도 하다. 마요네즈를 만들 때 계란으로 거품을 내야 하는데, 아마도 이 과정에서 생리혈이 어떤 작용을 해서 거품이 제대로 생기지 않는다는 미신이 존재하는 것 같다-옮긴이)"는 유명한 속설이 있는데, 혹시 아는지 모르겠다. 그런 말을 하는 사람이 얼마나 많은지 이젠 셀 수도 없으며, 이들은 오늘날에도 여전히 그 말이 맞는다고 믿는다(나는 생리 중일 때 마요네즈를 만들어본 경험이 있고, 특히 지금 그것이 헛소리라고 말할 수 있어서 얼마나 기쁜지 모른다).

다시 생각해봐도 그저 피에 불과한 이 액체에, 남자들이 얼마나 꼼짝을 못하고 두려움을 가졌는지! 물론 오랫동안 피는 상처의 동의어로 여겨졌으며, 따라서 흔히 죽음을 의미한 것은 맞다. 그리고 실제로도 피가 보이면 두려워했다. 그러나 겨우 이런 관점에서 여성들을 악마로 만들고, 불분명한 이론을 등에 업은 채 여성들을 짓밟는다는 것이 말이 되는가?

또한 남성들의 우월성을 뒷받침하고, 여성들을 대등한 인간 존재로 보지 않는다는 것을 확인하기 위해 온갖 구실을 갖다 붙이다니. 친애하는 남자들이여, 이거 좀 도가 지나친 것 아닌가?

생리혈, 남성성을 파괴하는 적

생리와 생리가 일으키는 결과들을 둘러싼 믿음이나 신화는 서구 세계에서만 유독 강하게 나타나는 게 아니다. 그런 금기가 얼마나 위험할 수 있는지 설명하기 위해 나는 호주의 인류학자 머빈 메기트Mervyn Meggitt가 상세히 기술한 에피소드를 예로 들곤 한다.

그는 호주 원주민과 파푸아뉴기니의 부족들을 연구하는데 일생을 바친 인물이다. 그는 어떤 뉴기니인의 일화를 이야기했는데, 이 뉴기니인은 자기 부인이 이불에 생리혈을 묻힌 것을 발견하고는 이 불길한 액체가 자신에게 나쁜 영향을 끼칠까 봐 곧바로 이혼했다. 이혼한 뒤에도 여전히 불안한 마음이 들었던 그는 도끼로 전 부인을 죽이는 더 과격한 조치를 취하고 말았다.

그가 그렇게 끔찍한 범죄를 저지를 수밖에 없었던 이유는,

같은 부족 사람들이 생리혈을 남자들에게 끔찍할 정도로 해롭다고 여겼기 때문이다. 남자들이 생리혈에 접촉하면 남성성을 잃거나, 병에 걸리거나, 최악의 경우 저세상으로 갈 수도 있다고 믿었다. 오늘날 우리는 도저히 이해할 수 없지만, 그 당시만 해도 이런 말도 안 되는 반응이 당연했다.

생리혈이 남성성을 위협한다고 보는 관점은 오랫동안 전 세계의 여러 문화권에 널리 퍼져 있었다. 캐나다 유콘 지역에서 살아가는 아메리카 인디언인 틴 부족은 생리혈이 여성성의 정수 그 자체라고 믿었다. 따라서 생리혈의 힘을 약화시켜야만 남성성과 접촉할 수 있다고 보았다. 또한 이누이트족은 생리혈과 접촉하면 사냥하는 동안 불행이 따라온다고 생각했다. 이런 생각은 모든 신화에서 비슷한 양상을 보이며 다시 한 번 전 세계로 널리 퍼져나갔다. 이 신화는 생리혈이 수확, 가축의 건강, 식재료뿐 아니라 더 넓은 관점에서 인류의 영속에 기여하는 모든 것에 해를 끼친다고 주장했다.

생리혈은 인류를 번성하게 하고, 힘을 보유하고, 인류가 살아남게 해주는 모든 것을 파괴한다. 생리하는 여성들이 전 세계에서 맞닥뜨리고 있는 '격리의 전통'은 바로 이런 원칙을 바탕으로 생겨났다. 그리고 일부 문화와 종교에서는 여전히 이런 전통이 살아 있다.

역사 속에 표현된 생리

어느 시대에나 여성의 지위는 그저 '낳는 사람'에 머물렀고, 그 때문에 이러한 생산성의 증거로 쓰이는 액체를 괴물 보듯 하게 되었다. 소녀가 초경을 하면 축하받는 이유는, 초경이 앞으로 어머니가 될 수 있다는 증거이기 때문이다. 그러나 이 단계가 지나면 더 이상 아무도 생리에 대해 듣고 싶어 하지 않는다. 그저 생리가 번식의 역할을 수행하는 데 성공했을 때나 관심을 기울일 뿐이다.

생리가 내포하는 의미는 분명했다. 적어도 오늘날 우리가 자부하는 그런 문명인이 되기 전까지는 말이다. 어떤 여성이 생리를 한다는 것은 임신을 하지 않았다는 뜻이고, 그건 곧 여성의 역할과 임무에 실패했다는 뜻이었다. 인구과잉이라는 말이 나오기 전, 즉 인류가 멸종하지 않게 하기 위해 2년 터울로 출산을 할 필요가 더 이상 없음을 깨닫기 전까지는.

여성들은 지금보다 더 자주 임신하고 더 오래 젖을 먹였기 때문에 그만큼 생리를 덜 했고, 오늘날처럼 평균 28일의 생리 주기가 그렇게 보편적이지 않았다. 그러므로 생리가 분명 지금과 같은 의미를 가지지는 않았을 것이다. 실제로 여성이 일정한 간격으로 수유를 하면 출산의 반복(그러니까 생리와 배란)이 늦춰지기도 하는데, 수유와 관계된 호르몬인 프롤락틴prolactin의 증가 때문이라는 견해가 있다. 게다가 당시 열악한 생활환경에서 남성 후계자를 반드시 임신해야 한다는 압박까지 덧붙인다면, 피로 얼룩진 침대보를 보았을 때 표정이 좋았을 리 없다. 당시 남자들에게는 임신 가능성이 고마운 일이었을지 몰라도 여성들에게는 압박이었던 것이다.

지금 이 순간 이 모든 이야기들을 읽고 있으면 "하하하, 아니 우리 조상님들은 왜 이렇게 멍청했던 거야? 얼간이들만 잔뜩 모여 있군!"이라고 웃음을 터뜨릴지 모르겠다. 그러나 오늘날 우리가 생리에 관해 느끼는 모든 것(그중에서도 오늘날 여성이 처한 조건이 어떤지와 그 조건이 어떻게 나타나는지, 더군다나 독재적인 남성성에 대해서는 더더욱 여기서 다루지 않겠다)이 수백 년을 거듭하며 이어져온 믿음들과 직접적으로 관련이 있다는 사실을 기억해야 한다.

빛의 속도로 수많은 주제들을 다룰 수 있었다고 해도, 우리가 너무 늦게 생각한 다른 문제들이 있을 것이고 거기에는 생리와의 관계도 포함된다. 지금 존재하는 논쟁들을 계속해서 피한다면, 생리를 계속해서 수치스럽게 생각하고 언급하는 것만으로도 혐오감을 느낀다면 그것은 바로 우리의 조상, 그 어리석은 자들이 너무 오랫동안 그런 믿음에 젖어 있었기 때문이다. 또한 몇 세대에 걸쳐 그런 믿음을 주입시켜 오늘날의 금기가 만들어졌기 때문이다.

그런 믿음에는 어떤 근거도 없다. 이제는 잠자리를 하는 침대에서 아내가 피를 흘렸다는 이유로 도끼를 휘둘러 아내를 죽이고 싶은 마음은 들지 않는다고 떠벌일 텐가? 그렇다면 우리는 더 이상 진화라는 거대 담론에서 그렇게 높은 위치에 오르려 해서는 안 될 것이다. 아직 과거의 그 자리에 머물러 있기 때문이다. 방식도 다르고 정도도 달라졌지만 우리는 아직 그 자리에 있으며, 솔직히 그렇게 자랑스러워할 처지도 아니다. 하필 최악의 순간에 초경을 했는데 바지에 생리혈이 묻은 걸 다른 사람이 보았거나, 혹은 단순히 모욕을 주려고 "하하! 너 생리하는구나? 아, 불쾌해. 야, 쟤 생리해!"라고 누가 소리치는 바람에 화장실에서 훌쩍이는 친구를 본다면, 과연 우리가 대 플리니우스나 미친개보다 더 낫다고 우쭐댈 수 있을까.

따라서 자신의 과거나 조상들이 꾸민 음모에 대해 특정 방식으로 너무 거리를 두려고 하는 것은 위험하다. 우리가 조상들의 행위에 직접적인 책임이 없긴 하지만 그래도 우리는 그들의 후손이고, 우리의 생각은 조상들에서 비롯되었기 때문이다. 그러나 우리 조상들이 지금보다 폭력이나 범죄를 덜 저질렀고 우리보다 더 많이 알았다고 해서, 그들이 우리에게 끼친 영향이 그다지 해롭지 않다고 할 수는 없다.

'내가 할아버지의 할아버지의 할아버지의 형제보다는 더

낮다'고 주장함으로써 자신을 정당화하기는 굉장히 쉬운 일이다. 사실 무엇 때문이든 누군가를 죽이고 망가뜨리고 무력화하는 짓을 그만두는 건 아주 훌륭한 일이다. 그러나 언제나 그보다는 더 좋은 방법이 있고, 그것은 미래 세대만의 책임이 아니다. 어휘 몇 가지와 우리의 대응 방식을 바꿈으로써, 확실하고 정상적이며 자연스러운 것으로 여겨온 것들을 통제함으로써, 그리고 이런 문제들을 다시 생각해보기를 받아들임으로써 바로 지금 여기서 시작할 수 있다.

물론 생리혈과 접촉하면 남성의 성기가 기능을 잃고 새까맣게 타버린다는 믿음을 버리는 것 자체도 좋지만, 여기서 더 나아간다면 훨씬 더 좋겠다. 오늘날 이러한 믿음의 함축적 의미는 더 미묘하고 더 은밀해졌지만, 그 기원에는 고대인들이 가졌던 것과 똑같은 두려움이 있다. 그러므로 이번에는 미래 세대들이 우리와 우리의 작고 편협한 사고를 비웃는 그날까지, 우리의 조상들과 그들의 몰상식함을 무너뜨리자. 그리고 생리에 관한 이야기를 다시 쓰는 데 적극적으로 동참하자.

내가 생리를 수치스럽게 생각한 적이 있다는 이유로 내 아이들 혹은 손주들이 언젠가 나를 비웃을지 모른다는 생각을 하면 개인적으로 기쁨이 차오른다. 또한 이들이 내가 하는 일에 대해서, 투표나 낙태할 권리를 얻기 위한 투쟁을 생각할 때 내가 보였던 것과 같은 반응을 보일 거라는 생각을 하면 정말 뿌듯하다. 오늘날 나에게 생리라는 개념은 너무도 분명해서, 나는 생리 없는 세상을 상상할 수도 없다.

사회에서 만나는 생리

나는 다음의 질문을 백만 번도 더 한 것 같다. 대체 생리는 왜 아직도 금기시되는 걸까? 왜 우리는 생리라는 말만 꺼내도 여전히 움츠러들까? 왜 생리는 아직도 여성의 열등한 지위를 정당화하는 데 이용되고 있는 걸까? 왜 여전히 많은 사람들이 생리에 대해 잘 알지도 못하면서, 그저 부정한 무언가로 볼까?

이 질문에 답하려면 다양한 각도에서 접근해야 할 것이다. 수세기에 걸쳐 형성된 믿음이 우리의 정신과 문화 속에 만들어버린 매듭을 풀려는 시도를 하려면 말이다.

왜 이런 금기가 생겼을까?

엄밀하게 페미니스트적인 관점에서 이것 하나는 분명하다.

생리는 오로지 여성만이 갖고 있는 기능으로 여겨졌기 때문에, 여성의 열등함을 정당화하고 아득한 옛날부터 우리가 겪어온 가부장제를 정착시키기 위한 최고의 핑계라는 것이다.

여성을 비하하는 데 생리만 한 도구가 있을까? 생리는 여성을 공격하는 분위기를 선동할 수 있는 정당하고도 충분한 구실이 되어주니 말이다. 또한 남성의 몸에는 생리와 비교할 만한 것이 전혀 없으니, 부정함·나약함·신비주의·질병 등과 같은 속성들도 생리라는 신체 기능 탓으로 돌릴 수 있었다. 그뿐 아니라 생리는 다른 것, 비정상적인 것, 낙오자, 열등한 인간으로서 여성의 이미지를 강화해주었다.

프랑스 소설가 시몬 드 보부아르Simone de Beauvoir는 《제2의 성Le Deuxième Sexe》에서 이미 명확한 설명을 제시한 바 있다. "남근이 사회적 맥락에서 특권적 가치를 이끌어내는 것과 마찬가지로, 월경을 저주로 만들어버리는 것도 바로 그런 사회적 맥락이다. 남근은 남성성을 상징하고, 월경은 여성성을 상징한다. 그렇기 때문에 여성성은 타자성과 열등함을 상징하며, 여성성의 발현은 물의를 일으킨다." 심지어 오늘날에도 여전히 몇몇 문화권에서는 딸을 낳으면 실패했다고 본다(당연히 딸을 낳은 사람에게 그 책임을 전가하는데, 그다지 놀랄 것도 없는 논리다).

문화적인 관점에서 볼 때 생리는 사회생활에서 여성을 배제하기 위한 완벽한 핑계다. 많은 문화권(과 종교)에서 생리를 하는 여성은 여전히 강제로 격리되고 있으며, 생리를 하는 여성과 접촉하면 남성들에게 끔찍한 결과가 발생한다고 생각한다. 즉 남성들이 생리혈과 접촉함으로써 오염되고 부정해지며 귀중한 남성성을 잃는다는 것이다.

생리 중인 여성은 자신의 지위에 따르는 몇 안 되는 이점마저 거의 누리지 못하고, 공동체의 삶에도 참여할 수 없다. 이들은 다른 여성들과 부엌에 함께 있을 수 없으며 일을 할 수도 없다(수확물이나 가축을 오염시킬지도 모르기 때문에). 또한 생리 중 섹스는 남편에게 큰 위험을 가져다줄 수 있기 때문에 아내의 역할도 할 수 없다. 아예 제사를 지내는 장소에 들어갈 수 없는 경우도 있는데, 마찬가지로 그녀의 부정함으로 신성한 제사를 망칠 수도 있기 때문이다. 따라서 여성들은 매달 말하고, 접촉하고, 기도할 권리를 박탈당한다. 그들의 여성성은 벌을 받고, 끊임없이 수치로 여겨지며, 언제까지고 대가를 치러야 할 손실로 나타난다.

마지막으로, 생리를 하는 동안 유일하게 허용되는 것은 침묵이다. 어떤 문화권이건 간에 생리는 함구되어야 하고 비밀스러워야 하며 누구에게도 혼란을 주어서는 안 된다. 그렇다 보니 결국 각 세대는 같은 실수를 되풀이하고, 고질적인 믿음과 신화를 대대손손 전하며, 정작 실질적인 문제에는 접근조차 못 한다. 무엇보다 생리는 사생활에 속하고, 문화와 사회가 그러기를 강요하며, 다시 따져볼 필요가 없을 만큼 명백한 문제이기 때문이다.

그러니 이런 상황을 바꿀 이유가 없는 것이다. 문제 제기를 해야겠다는 생각조차 없이 이런 상황을 받아들인 것은 바로 수많은 여성들이었다. 주변의 한 어린 소녀가 언젠가 상황은 다르게 돌아갈 거라는 생각을 퍼트리기 시작하자, 여성들은 변화를 향한 의지를 한 치의 망설임 없이 애초부터 묵살해버리거나, 때로는 아예 고려조차 하지 않았다.

자기 딸들에게 묵묵히 고통을 견뎌내야 한다고 격려한 것은 바로 엄마들이었고, 아픈 것은 정상이지만 야단법석을 떨어서는 안 된다고 말한 것도 엄마들이다. 할머니들은 손녀딸들이 생리를 하는 동안 칠칠치 못하게 행동하면 눈살을 찌푸리곤 했다. 아버지들은 그 얘기가 나오면 귀를 틀어막거나, 생리할 때 필요한 물건을 다 써서 사러 간다는 말에 언짢은 내색을 했다. 아버지들은 딸이 그런 얘길 하면 얼굴이 달아올라서는, 그것이 부모로서 해야 하는 역할임을 인정하기는커녕 엄마 또는 가장 가까운 여자 친척에게 가보라고 말했다. 모든 가족들과 가까운 친척들은 여성들을 짓궂게 놀리거나 얼굴을 찌푸리거나 불편한 기색을 내비쳤다. 그들은 여성들을 불편하게 했고, 생리는 수치스럽고 문제나 혐오감을 일으키는 원인임을 귀에 못이 박히도록 일깨워주고, 비하적인 발언들을 은근슬쩍 내뱉곤 했다.

소녀들이 자기 몸에 대해 잘 모르면

생리에 대해 인류가 알고 있는 지식들을 연구하면서 나는 고대와 중세는 물론 우리 할머니들의 시대, 우리 엄마들의 시대를 다룬 기사들을 수없이 읽었다. 오늘날 우리가 쓰는 생리대의 조상격인 이상한 허리띠는 물론이거니와, 고대 이집트에서 사용했다는 최초의 탐폰 이야기도 들었다. 이런 것들은 전혀 듣도 보도 못 한 것이라고 할 수는 없지만, 오늘날의 우리와는 상관없는 이야기 같다.

이런 시대는 정말 지나간 걸까? 이제는 우리 조상들의 무지를 예의상 너그럽게 웃어넘길 수 있는 상황이 된 걸까? 나는 이런 의문을 가졌다. 그리고 내 또래 여성들의 경험담이나 생리에 관한 질문을 올린 사춘기 이전 소녀들의 경험담, 초경 등

　　　　　　　　　　　　　　　　　　사회에서 만나는 생리

에 대해 검색하던 도중 '건강 토론방Les forums santé'이라는 어마어마한 소용돌이를 만났다. 그곳은 정말이지 보물창고나 다름없었다. 여기서 나는 어린 소녀들 사이에 생리에 대한 무지함이 얼마나 널리 퍼져 있는지 새삼 깨달았다. 그저 몇 가지 개념에 대한 이해가 부족했던 거라고 믿었던 내 예상은 너무도 순진한 생각이었다.

나는 몇 시간에 걸쳐 2010년부터 지금까지 올라온 가장 비상식적인 경험담들을 읽어 내려갔다. 그리고 오늘날에도 여전히, 선진국이라 일컬어지는 이 프랑스에서조차, 문화와 온갖 종류의 정보에 제한 없이 접근할 수 있음에도, 생리를 할 연령대의 소녀들이 생리를 하게 되는 과정은 물론 자기 몸의 구조에 대해서조차 무지함을 확인할 수 있었다.

더 심각한 사실은 엄마에게도 생리를 한다는 말을 하지 못하거나, 심지어 초경을 하고 몇 달이 지난 뒤에도 여전히 그 사실을 숨기는 소녀들이 많았다는 것이다(여기서 딸을 둔 부모님에게 드리는 글: 마음을 터놓고 지내는 분위기에서 자녀를 키웠다고 생각할지라도, 자녀가 이런 문제를 스스로 얘기할 거라는 원칙에서 출발하지 마라. 사춘기의 첫 징후가 나타날 때부터 이 문제에 접근하는 것이 바람직하다. 모든 콤플렉스를 떡잎부터 제거하는 것이 좋다).

십 대들의 마음속에서 대체 무슨 일이 일어나고 있는 걸까. 한 가지 힌트를 주고자 이 토론방에서 발견한 주옥같은 글들을 여기 소개하려고 한다. 당신 딸이 당신에게 첫 생리대를 달라고 할 거라 생각하는가? 그렇지 않다. 아마 인터넷에서 애견용품 사이트를 뒤지고 있을 것이다.

어제 내 절친에게 생리를 시작했다고 말했어(우리 집 개는 암컷인데, 발정기라 애견용 기저귀 몇 개를 구할 수 있었지). 그 친구가 생리대를 몇 개 챙겨줬어.

사회에서 만나는 생리

(참고: 기저귀와 발정 난 암캐가 무슨 관계가 있다는 건지 도통 모르겠다고? 그 수수께끼를 얼른 풀어주도록 하겠다. 암캐들은 발정기에 외음부에서 피를 흘리기도 한다. 자궁이 아니라 질에서 나오는 것이기 때문에 엄밀히 말해 생리는 아니지만, 이 동물이 집 안 곳곳에 피를 흘리고 다니지 않도록 실제로 특수 기저귀를 채우기도 한다.)

그리고 당신의 딸은 초경에 대해 당신과 얼굴을 마주하고 직접 말하지 않을 수도 있다.

엄마한테 그 사실을 말하는 데 일곱 달이 걸렸어. 나는 고민 끝에 한 가지 기술을 찾아냈지. 엄마한테 문자를 보내서 알려주고, 집에 돌아오면 아무 일 없었다는 듯이 행동하는 거야.

당신에게 자궁이 있고, 자궁이 있는 아기를 임신했다면, 당신은 당연히 그 아이의 삶에 언젠가 생리가 찾아오기를 기다릴 것이다. 그리고 아이도 분명 그러리라고 생각할 것이다. 적어도 생리를 한다는 사실은 당신과 딸의 공통점이니 부끄러워할 이유가 없지 않느냐고? 하지만 사실 그렇지 않다.

내 경우에는, 친구 집에 있을 때 생리를 시작했는데 도저히 친구한테 말을 할 수가 없었어! 엄마가 나를 데리러 올 때까지 계속 서 있었지. 집에 도착하자마자 곧바로 욕실로 뛰어 들어가야 했어! 처음에는 정말 끔찍하더라고. 생리대를 쓸 줄 몰라서 피가 넘치는 바람에 늘 바지에 피가 묻어 있었거든. 어느 날인가는 피 묻은 속옷을 숨겨놨는데 엄마가 찾아내고 만 거야! 어찌나 창피하던지! 엄마한테 어떻게 말을 해!

생리를 시작하면 당연히 처음에는 불편할 수밖에 없다. 부끄럽고, 옷에 피가 묻지는 않을까 겁이 나고, 친구들이 알아채지 않을까 하는 생각이 들게 마련이다. 수많은 소녀들이 자기 엄마한테까지 이런 수치심을 느낀다니, 정말 비참했다.

그들의 메시지를 읽어보면 엄마와 사이가 좋지 않다거나, 예민한 환경에서 자랐다는 어떤 낌새도 없다. 다른 이용자들이 물어보면 오히려 엄마와 '정상적인' 관계를 맺고 있다고 강조했다(설명하자면 그녀들은 엄마와 함께 살며 대화를 하긴 하지만, 이제는 저녁식사 자리에서 사적인 이야기를 다 털어놓지는 않는 것이다). 한편 소녀들은 사생활에 엄마가 개입하는 걸 원치 않고, 그렇게 하면 자신의 삶을 빼앗긴다고 생각하며, 엄마가 공연히 야단법석 떠는 것을 바라지 않기도 한다.

사회에서 만나는 생리

초경을 하면 따귀를 때린다고?

프랑스에서 생리라는 주제를 다룰 때 가장 많이 듣는 전통의 하나는 바로 초경을 하면 따귀를 때리는 풍습이다. 생리를 시작했다고 말하면 많은 여성들이 자비로운 '따귀 세례'를 받는다. 따귀를 때리는 사람은 아마도 엄마나 언니일 것이다(언제나 한 여성이 다른 여성의 따귀를 때리는데, 더 정확히 말하면 손윗사람이 손아랫사람의 따귀를 때린다). 그런 일을 겪지 못한 여성들은, 여성으로서의 삶에서 중요한 사건을 놓쳤다고 불평을 하기도 한다.

이런 전통이 어디서 왔는지 알아보려고 했더니 사람들이 온갖 얘기를 다 들려주었다. 많은 사람들이 지역 문화라고 생각하고 있었다. 나는 마그레브, 레위니옹, 노르파드칼레, 브르타뉴, 포르투갈, 이탈리아 혹은 페리고르 출신의 사람들이 들려준 경험담을 읽었다. 그러니까 어디서 유래했는지 확실한 기원을 정하기가 어려웠다. 결국 이런 전통의 기원이나 존재 이유를 두고 합의된 바가 없었다.

따귀를 한 번쯤 맞아본 사람들의 설명들을 들어보면, 거기에는 굉장히 다양한 가설들이 존재한다. 어떤 사람들은 이 전통이 겁운을 쫓아내고, 악령을 몰아내고, 성인이 된 것을 축하하기 위해 생겨났다고 말한다. 그런데 이번에도 역시 여성만을 위한 이런 의식 때문에, 여성은 남성에게는 없는 사악한 무언가를 갖고 있으며 따라서 방어해야 하는 게 마땅하다는 생각이 강화된다. 여성은 '악'에 더 약하기 때문이다. 언제나 이브와 선악과 이야기는 반복되고, 여성은 끊임없이 원죄를 갚아야 하는 것이다.

가장 납득할 만한 설명은 생리를 시작할 때 따귀를 맞는 것이 성인이 되는 통과의례를 상징한다는 것이다. 이번이 마지막 따귀가 될 것이다. 이날 이후 소녀들은 더 이상 어린아이 취급

사회에서 만나는 생리

을 받지 않을 것이고, 이제는 어린애가 아니라 성인 여성의 대우를 받을 것이기 때문이다. 그러나 여러 가지 면에서 아직도 의심스러운 점이 있다. 이 따귀가 벌을 준다는 의미에서 체벌의 수단으로 사용된다는 것, 그리고 생리를 통해 어린아이에서 성인 여성의 지위로 넘어간다는 점이 그러하다. 그러나 이 전통을 이렇게 해석하는 데는 탄탄하다고까지 말할 수 있는 논리가 있다.

생리와 관련해 따귀를 맞는 의식을 믿는 여성들의 이야기를 읽어보고, 나는 많은 이들이 이 이벤트를 굉장히 감동적인 순간을 넘어 귀한 추억으로까지 묘사한다는 것을 확신했다.

엄마가 말했어. '이게 내가 때리는 마지막 따귀가 될 거야. 넌 이제 어른이니까.' 엄마가 따귀를 때리자 내 눈에서는 눈물이 흘러내렸지. 엄마가 내가 어른이라고 말했을 때는 정말 자랑스러웠어.

이 글을 읽고 나는 이 전통이 정말 끔찍하고 기만적이라는 생각이 들어 소름이 끼쳤다. 세상에서 가장 좋은 의도로 이 전통이 지속됐다 해도, 내가 보기에 이 전통은 심각하게 문제가 있는 뭔가를 계속해서 퍼뜨리고 있었다.

반면 어떤 사람들은 이런 풍습의 해로운 영향을 증언했다.

우리 큰딸은 초경을 하고 나서 몇 달간 내게 말을 해주지 않았어요. 친구들이 따귀를 때리는 그런 풍습이 있다고 미리 일러주었더라고요. 딸애는 따귀를 맞을까 봐 정말 두려워했죠. 정말 안타까운 일이에요….

따귀를 때릴 권리가 있는 여성들이 언제나 그런 전통을 이어갈 의도가 있는 것은 아니다.

우리 가족의 모든 여자들이 그랬던 것처럼, 내 차례가 오자나는 그 까닭을 알게 되었어요. 그러나 한 가지 확실한 것은 이런 '전통'이 나 이후로는 더 이상 계속되지 않을 것이고, 나는 내딸의 따귀를 때리고 싶지 않다는 겁니다. 딸애는 인생의 한 단계를 통과했을 뿐이고, 나는 따귀 때리는 것이 바보 같은 짓이라고 생각하기 때문이죠.

이처럼 이런 추세를 바꾸려고 노력하는 엄마들도 있지만, 여전히 사회의 영향을 받고 여기저기서 들은 이야기에 좌지우지되는 소녀들은 세 발짝 뒤로 물러난다.

사회에서 만나는 생리

우리 엄마가 나한테 "넌 아직 여자가 아닌 거 알지?"라고 말했어. 나는 기절할 정도로 놀라서 마음을 진정시키려고 그 말을 몇 번이고 되뇌었어. 이제는 다 지나간 일이지만, 그때 엄마가 내게 했어야 하는 말은 그 반대가 아니었나, 항상 되묻곤 해.

따귀 이야기를 반복하자니, 이런 관습이 아직도 널리 퍼져 있다는 사실이 애석할 뿐이다. 그러니 부탁 하나만 하자. 자비를 베풀어, 아이의 따귀를 때리지 마라. 특히 생리를 시작했다는 말을 하러 왔을 때는 말이다. 생리와 폭력을 연결 짓는 일은 여기서 멈추자. 거기서부터 시작하는 것도 그리 나쁘지 않을 터이다.

초경을 꼭 기념해야 할까? 아니다. 그래도 기념해주는 게 좋을까? 물론이다. 왜 안 되겠는가? 하지만 내가 보기에 그런 결정을 할 수 있는 유일한 사람은 초경의 주인공인 자녀다. 아이에게 선물을 주고, 잔치를 열어주고, 온 가족에게 알리고 싶은가? 먼저 아이에게 물어보라. 부끄러운 마음에 아이가 거부한다면 축하파티를 억지로 해준다고 상황이 바뀌지는 않을 것이다. 오히려 일을 벌이지 말고 아이와 조용히 이야기를 나누는 것이 더 좋은 방법일 수 있다. 아이가 자신의 초경을 기념해 무도회급 파티를 열고 싶어 한다면 안 될 게 뭐가 있겠는가. 하지만 모든 일을 하기 전에 당사자들과 상의하라. 꼭 생리에 대해서가 아니라도, 그들은 할 이야기가 아주 많을 것이다.

인생의 이 시기를 위한 황금률을 세우기는 어렵다. 모두의 주장이 들을 만한 가치가 있기 때문이다. 어떤 사람들은 크게 문제 삼지 않는 편을 선호하고, 어떤 사람들은 긍정적인 방식으로 축하하고 싶어 한다. 모든 일이 그렇듯이 한 가지 방법만 있는 게 아니니, 각자 당사자들이 원하는 대로 맞추면 될 것이다. 우리에겐 어떤 방식이 잘 맞았으니까 묻지도 따지지도 않고 다음 세대도 무조건 그 방식을 되풀이해야 한다고 하는 건 말이 안 된다. 아이들은 자신과 자신의 주변에 대해 그들의 감정과 느낌을 이야기할 수 있는 능력이 있는데, 우리는 이 능력을 굉장히 과소평가한다. 따라서 모두가 건설적이고 긍정적인 표현 공간을 가지려면, 지속적으로 진술한 대화를 이어나가고 각 세대끼리 단단한 관계를 맺어야 한다. 그때 분명 많은 것을 얻게 될 것이다.

그렇다고 우리에게 실수할 권리가 없다고 말하려는 건 절대 아니다. 누구나 실패할 수 있다. 다만 중요한 것은 나중에라도 그 문제를 논의할 수 있다는 것이다. 그 의도가 아무리 긍정적이고 건설적이었다 해도 무엇을 놓쳤는지 이해해보려고 노력하는 것이 중요하다는 말이다.

생리하면 정말 여자가 될까?

어떤 여성들은 가족에게 생리를 한다고 알렸을 때 "아, 이제 너도 여자가 되었구나!"라는 말을 들으면 여전히 불편하다고 말한다. 이들은 생리가 그 정도로 대단한 일로 여겨지는 걸 별로 원치 않는다.

잠깐만 생각해보면 그 마음을 충분히 이해할 수 있다. 이런 소심함을 보이는 주된 이유는 무엇보다 수치심이다. 아버지(그리고 가족 내의 다른 남자들을 포함해)가 자신을 다르게 볼지 모른다는 수치심뿐 아니라, 몸의 변화, 성생활, 아이들, 어른으로서의 책임, 임신 등에 관한 거대 담론의 소용돌이 속으로 빨려들면서 생겨나는 수치심이 작용한다. 사춘기 소녀들 대부분이 열한 살에서 열세 살 무렵에 생리를 하니 그렇게 생각하는 게 놀랍지도 않다. 안 그래도 이 나이에는 해결해야 할 문제가 많고, 모든 것이 너무나 빠르고 격렬하게 변화하며, 모든 것이 통제 밖에 있다. 여기서 더 큰 혼란이 생길 수 있다는 생각만 해도 정말 뭔가 끔찍한 느낌이 드는 것이다.

나는 아직도 그렇게 많은 소녀들이 생리와 여성성을 연관 지어 이야기한다는 사실에 충격을 받았다. 일부 나이 어린 토론방 이용자들은 자기들에게 일어난 일을 이해할 목적으로 초경에 대한 질문을 올리며, 또 어떤 이용자들은 '놀라운 여성들의 세계'에 입문한다는 생각에 들떠 있기도 하다. 사람들은 "너 이제 여자가 됐구나!" 혹은 "이제 네가 어른이 됐다는 뜻이야, 이 세계에 들어온 걸 환영해!"라며 답글을 달아준다.

어떤 소녀들은 스스로 그런 말을 하기도 한다. 즉 처음에는 생리에 대한 불만을 토로하지만 마지막에는 "그래도 뭐, 적어도 그건 내가 이제 여자가 되었다는 말이잖아!"라고 결론을 내리는 것이다. 그런데 이 말은 여러 가지 측면에서 문제가 많은 표현이다.

첫째, 아직 초등학교 문턱도 떠나지 않은 혹은 곧 떠날 소녀들의 미래에 영향을 주기 때문이다. 열 살짜리 여자아이한테, "언젠가 속옷에 피가 묻는 날, 너는 여자가 될 거야"라는 말을 어떻게 점잖게 전한단 말인가?

둘째, 젠더의 문제가 제기될 수 있다. 생리를 여성의 문제로 국한하고 생리를 통해 여성성에 접근하는 것은 대화에서 트랜스젠더를 철저히 배제하는 것이다. 트랜스젠더 여성은 태어날 때 생식기관이 남성으로 결정되었으므로 자궁이 없다. 따라서 이 여성은 생리를 하지 않을 것이다. 그렇다고 이것이 다른 이들보다 덜 여성적이라는 뜻일까? 그렇게 말할 수는 없다. 반대로 자궁을 갖고 태어났고 따라서 사춘기에 생리를 시작한 트랜스젠더 남성이 생리를 한다는 이유로 마술처럼 '여성'이 되지는 않을 것이다. 그는 여전히 남성이며, 이런 기능을 제거하느냐 마느냐는 의학적 절차를 거쳐 그가 선택할 일이다.

여기에 여성과 남성처럼 이원론으로 구분할 수 없는 사람들도 언급할 수 있겠다. 그들의 젠더는 여성과 남성의 중간쯤 어딘가에 있고, 완전한 여성으로도 완전한 남성으로도 구별되지 않는다. 또한 의학적인 이유로 생리가 없거나 혹은 더 이상 생리를 하지 않는 시스젠더(자신의 생물학적 성별과 심리적 성별이 일치한다고 생각하는 사람) 여성들도 있다. 생리를 해야 여성이 된다는 생각은, 젠더와 인간생물학에 대해 굉장히 편협한 시각에서 비롯된 것일 수 있다.

토론방 이야기로 돌아와서, 나는 여성성의 문제가 아주 어린 나이부터 소녀들에게 영향을 미친다는 점을 확인할 수 있었다. 매우 반가운 일이었다. '여자가 된다는 것'은 무슨 의미일까? 언제 우리는 여자가 될까? 이에 대해 여러 가지 답변이 있었고, 어떤 것들은 읽다가 웃음이 나기도 했다(약간 쓴웃음인 경우가 있긴 했지만).

어떤 사람들은 아주 명확하게, "성관계를 하는 순간 진정한 여자가 된다"고 본다. 그러나 여기서 또 한 번 애매한 문제가 발생한다. 어떤 사람들은 성관계를 매우 일찍 시작하는데, 유년기나 청소년기도 완전히 배제하지는 못하기 때문이다. 동의하지 않은 성관계에 대해서는 어떻게 생각하는가? 여성이 되는 문제를 성행위에 기초해서 규정할 실질적인 규범을 만들기는 쉽지 않다.

또 어떤 사람들은 개념을 보다 중시한다. "사실상 성인 연령에 이르러야 여자가 된다. 부모로부터 독립을 해야 비로소 성인 여성이라고 말할 수 있다는 뜻이다." 성인 연령의 기준이 무엇인가? '만 18세 이상'의 성년을 말하는가? 가족끼리 갈등이 있어서 좀 더 일찍 독립해야 하는 청소년들은 어떻게 하나? 남들보다 일찍 친권이 해제된 이들은? 성인이 된 스물다섯 살에도 여전히 부모와 함께 살면서 성관계를 하는 자녀는 또 어떤가?

주제를 벗어나고 있는 것 같으니, 다시 생리 이야기로 돌아오겠다. 계속해서 생리와 여성성의 관계를 찾아보자. 한 토론방 이용자는 "그래, 소녀들아, 하지만 나는 생리를 하는 순간 그 사실로 인해 우리가 더 성숙한다고 말하고 싶단다. 그렇지 않니?"라고 제안한다. 그렇다면 열다섯 살부터 생리를 하는 아이들은 그렇게 성숙하지 않은 것인가? 이에 대해서는 뭐라고 말하겠는가? 어떻게 생각하는가? 이런 논의들을 다룬 글들을 읽어 넘길 때마다 나는 "무엇이 우리를 여자로 만드는가? 그것이 생리와 관련이 있는가, 없는가?"라는 문제에 대해 유일한 답과 열쇠를 찾으려 애썼다.

그중 한 가지 답변을 간단히 얘기해보겠다. "나는 열세 살 반에 생리를 시작했고, 생리를 하면 신체적으로 어른이 된 것이라고 한다. 그뿐이다." 어쩌면 결국 그것이 가장 적절한 답변일지도 모른다. 생리를 한다는 것은 아마도 신체적으로 번식을 하고, 출산을 하고, 생명을 낳을 수 있는 상태가 되었다는 뜻일 것이다. 그런데 생리를 함으로써 가능한 이 모든 아름다운 일들이, 우리를 경이롭고 기적적인 존재로 만들어준다고 확신하면서 자신을 괴롭히고 있는 건 아닐까(그렇다고 단순히 이것에 반발할 목적으로 당신이 아이를 원하지 않는다고 장담하지는 마라. 그것은 당신의 깊은 본능을 거스를 수도 있으며 그보다 더 무례한 일은 없다). 아직도 '여자가 된다'는 생각을 두고 토론할 마음이 있다면, 적어도 그렇게 허술하지는 않은 결론을 내릴 수 있을 것이다. "생리는 실제 생물학적 차원의 변화를 일으키지만, 뇌의 차원에서도 반드시 그렇지 않다."

그렇다. 몸은 이 시기에 변화하고, 컴퓨터 게임에서 다음 레벨로 넘어가는 것처럼 새로운 기능들을 해제한다. 그리고 큰 힘에는 큰 책임감이 따른다. 삶은 180도 뒤바뀌고, 사람들은 우리가 할 수 있는 것보다 더 많은 것을 기대한다. 이제 인형과 장난감 자동차는 단념해야 하고, 더 이상 장난도 안 된다. 우리 몸에서 어떤 신체적 기능이 이 정도로 급격한 변화를 요구하는가?

나는 이러한 변화와 그에 따른 책임에 대해서 살짝 마음이 아팠던 또 다른 경험담을 메모해두었다. 한 소녀가 엄마에게 생리를 한다고 알렸고, 엄마는 딸에게 단 한마디만 했다고 한다. 엄마는 생리대를 어떻게 사용하는지 설명한 다음 "이제부터는 조심해야 할 거야"라고 말했다. 이 말 말고 다른 설명은 없었다. 소녀는 그 말이 당연히 임신의 위험을 경고하는 거라고 이해했다. 그러나 지극히 정상적이고 자연스러워 보이는 이 경고에는 서글픈 측면이 있다. 이것은 미래에 벌어질 일에 대한 태도를 결정한다. 즉 육체적으로나 감정적으로나, 누군가와 사귀거나 관계를 맺거나 공개적으로 그 관계를 발전시켜 나갈 때, 조심하고 예방하고 스스로를 보호할 책임을 짊어지는 주인공이 바로 소녀들 자신이 되는 것이다.

그런데 나는 남자아이들의 부모가 그들에게 "준비되지 않은 상황에서 여자친구를 임신시키면 안 된다"는 기본적인 이야기를 해주는지 궁금하다. 이런 일들은 일반적으로 풋사랑의 나이 때 일어나기 때문이다. 반면 소녀들이 초경과 관련된 경고를 받고 나면, 다른 사람과 입술이나 혀로 키스한다는 생각조차 완전히 비정상적으로 보일 수 있다.

분명 예외도 있다(내가 바로 그 예외의 증거다. 나는 금기 없는 환경에서 자랐고, 내가 알고 싶은 모든 문제들에 대해 아무런 거리낌 없이 질문할 수 있었으며, 항상 명확하고 성실한 답변을 받았고, 누구도 내게 새로운 신체 기능이 활성화됨으로써 '여자가 된다'고 말해준 적 없다). 그러나 이런 토론방에서 발견한 사실이 전형적인 사례라면, 사실은 분노해야 마땅할 것이다.

생리를 모르면 이런 일이 생긴다

토론방에 올라온 이야기들을 언급하다 보니, 사회학적 문제들로 곧장 깊이 들어가 버렸다. 자, 이제 더 구체적인 질문으로 되돌아가보자. 분명 열세 살짜리 청소년들은 '언제 여자가 되나?' 같은 질문 앞에서 쩔쩔매고 있을 테지만, 나머지 사람들은 전혀 문제가 없을 것이다. 그렇지 않은가? 몸이나 생리대에 대한 정보들은 인터넷만 할 수 있으면 찾을 수 있고, 이와 관련해서는 의심스러운 점이 없으며, 모든 게 당연하다. 그렇지 않은가? 지금 당신이 이렇게 생각하고 있다면, 당신도 나처럼 좌절을 맛볼 것이다.

예를 들어 오늘날에도 많은 소녀들이 탐폰을 쓰면 처녀성을 잃을 수 있다고 믿는다는 사실을 알고 있는가? 이참에 여기서 처녀성 문제를 짚고 넘어가면서, 좀 더 세세하게 이 정보를 살펴보려 한다. 그러니까, 아니다. 탐폰을 써도 처녀성을 잃지 않는다. 사회적 처녀성을 말하기에 앞서, 해부학적으로도 이런 일은 거의 있을 수 없다. 처녀막은 질 전체를 뒤덮고 있는 것이 아니라 질 입구 주변의 주름이다. 만약 처녀막이 질을 완전히 막고 있다면 생리할 때 피가 흘러내릴 수 없을 것이고, 그래야 말이 된다. 또한 처녀막은 질이나 외음부처럼 사람마다 독특한 모양을 하고 있다.

처녀막은 격렬한 운동을 하거나 단순히 우연에 의해, 이미 구멍이 뚫려 있을 수도 있고 살짝 벌어져 있을 수도 있다. 물론 태어날 때부터 처녀막이 없는 사람도 있다. 한마디로 처녀성에 대한 가능성은 여러 가지다. 승마를 즐기는 소녀가 말을 타다 처녀성을 잃었다? 그런 일은 거의 불가능하다. 처녀성은 첫경험을 할 때 잃는데, 페니스를 삽입했다고 해서 무조건 처녀성을 잃었다고 볼 수는 없다. 레즈비언이 여성 파트너하고만 섹스를 한 경우라도, 이 여성을 처녀라고 하지는 않기 때문이다. 섹스의 형태는 우리가 살아가는 이 시대의 통념보다 훨씬 다양하며, 우리는 각자의 관점으로 사물을 보는 법이다. 가장 중요한 것은 동의다. 나머지는 당사자들이 결정할 문제다.

그런데 오늘날에도 탐폰과 처녀성은 여전히 연결되어 있고, 소녀들은 처녀성에 집착하고 있다(처녀성을 잃느냐 혹은 무슨 수를 써서라도 지키느냐 이 둘 중에서 한 가지는 확실하다. 그것이 아주아주 중요한 문제라는 것이다). 처녀성에 집착하는 소녀들은 대부분 탐폰을 사용하려면 첫경험을 할 때까지 기다려야 한다.

'그걸' 할 때까지 탐폰을 사용하면 안 돼. 내가 무슨 말을 하는지 잘 알지? 잘못하면 처녀성을 잃을 수도 있다고!

그렇다. '처녀성을 잃다'라는 말은 이 토론방 이용자들이 매우 자주 사용하는 표현이다. 처녀성을 잃는 것을 두려워하는 사람이 있는가 하면, 일련의 사건들을 맞물리게 해주는 견인차로 보는 사람도 있다.

어떤 인터넷 기사에서 읽었는데, 탐폰을 사용하지 않으면 나중에 섹스를 못 한대! 물론 거짓말이겠지만, 그래도 그런 이야기 때문에 탐폰을 써보게 됐어.

성관계를 하지 못하게 될까 봐 자신의 질을 준비시키는 차원에서 어쩔 수 없이 탐폰을 사용하는 것은, 자신의 몸과 성을 이해하는 데 그리 좋은 방법은 아니다. 다행히 다른 이용자들이 탐폰을 처음 삽입하는 데 애를 먹는 소녀들에게 아낌없이 현명한 조언을 베풀고 있었다.

네가 처녀라면, 처녀용 탐폰을 써. 먼저 몸을 약간 쭈그리고 앉아서 긴장을 충분히 푼 다음, 자궁 속으로 탐폰을 거의 수직으로 삽입해봐!

내가 놀라 의자에서 굴러떨어진 순간이 바로 이 코멘트를 읽을 때였던 것 같다. 이것은 사실과 거리가 한참 멀다. 첫째, 처녀용 탐폰이 있다고? 탐폰 포장에 그렇게 쓰여 있다고? 나는 왜 생리를 해온 그 모든 세월 동안 편의점에서 그런 탐폰을 못 봤지? 둘째, 탐폰을 자궁 속까지 밀어 넣었다간 처녀막을 보호하겠다는 생각 따위는 신경 쓸 일도 아니게 될 것이다. 마지막으로 셋째, 질은 수직으로 된 관이 아니며, 곧장 넣으려고 해봐야 소용없다. 반대로 꽁무니뼈 방향으로 밀어 넣는 게 더 좋다. 그러지 않으면 더 깊숙이 삽입하지 못할 것이다.

그런데 초보자들은 이 기술을 시도해보겠다고 약속하며 이 조언에 '좋아요'를 눌렀다. 더 황당한 코멘트도 있다.

　　　　　　　　　사회에서 만나는 생리

안 돼요, 탐폰은 안 되겠어요! 너무 겁나요. 그러니까 나는 질이 어디 있는지도 모른다고요⋯.

자, 그러니까 전부 처음부터 다시 시작해야 한다. 이런 코멘트들을 읽기 전에 나는 지구라는 이 작은 행성에서 조용히 머물면서, 소녀들이 반드시 알고 있는 한 가지가 있다면 그건 그녀들에게 질이 있다는 것이며 누구나 쉽게 질의 위치를 찾을 수 있을 거라 믿어왔다(요도와 착각했다고 해도 이해할 것이다⋯). 그런데 아니었다. 프랑스에서, 심지어 2010년에도 소녀들은 여전히 자신의 질이 어디 있는지 모르고 있었다. 소년소녀들은 생리혈이 요도가 아니라 질을 통해 나온다는 사실을 알지 못했다. 어디 있는지는 고사하고 심지어 있는지조차 잘 모르는 또 하나의 구멍을 통해서 말이다.

나는 이런 사실을 통해 근본적인 문제를 건드렸다고 생각했지만 어쨌든 계속 조사를 이어나갔고, 더 나아가 "생리를 빨리 시작하게 할 수 있나?" 같은 엄청난 질문까지도 가능할 수 있음을 깨달았다. 대부분의 사람들은 당연히 그럴 수 없다고 생각할 것이다. 탈모나 새치처럼 사춘기의 어떤 측면도 저절로 '유발될' 수 없다. 생리를 시작하길 이제나저제나 기다리는 소녀들에게 지식을 전수할 만반의 준비가 되어 있는, 그리고 분명 나보다 훨씬 교육을 많이 받은 사람들의 도움을 받을 필요가 없는 문제다.

어떤 사람들은 그것이 전부 정신 상태의 문제라고 생각한다.

> 생리는 일단 네가 신체적으로 발달하고, 정신적으로 성숙하기만 하면 시작된다고 생각해.

약간 더 과격한 해결책을 내놓는 사람들도 있다.

> 친구로서 조언할게. 지금 당장 생리를 시작하고 싶다면(열세 살이 지나고 생리를 하는 게 부끄럽다는 점을 나도 알기 때문에) 하루에 한 번 항문을 간지럽혀봐. 손가락에 물기를 묻힌 다음 질 속으로 가능한 한 깊숙이 넣어라(그게 터져야 하니까). 자, 이제 용기를 내자, 소녀들이여!

잠시 이 말을 이해할 시간을 주겠다. "그게 터져야 하니까."

분명 농담이겠거니 하고 생각했지만, 글 작성자는 주변에 있는 많은 여성들에게 이 이론이 효과가 있을 거라고 철석같이 믿으면서, 이어지는 게시물에서 자신의 방법을 열심히 옹호했다. 내가 이렇게 말한다고 해도 소용없을 것 같지만, 어쨌든

사회에서 만나는 생리

하겠다. "절대 따라하지 마시오!"

이참에 우울한 이야기를 하나 더 하고 넘어가야 할 것 같다. 생리는 생리를 하지 않을 때도 수치심의 원인이 된다. 이 게임에는 승자가 없다. 생리를 해도 창피하고, 일정 나이(사람마다 다르다) 전에 생리를 하지 않아도 창피하다. 한편 이 토론방에 올라오는 메시지의 대부분은, 자신은 아직 생리를 하지 않는데 그게 정상인지 묻는 소녀들이 보내온 것이었다. 이에 대해 이미 생리를 시작한 소녀들은 대체로 이렇게 답했다. "행복한 줄 알아. 생리를 하고 그 끔찍한 실체를 알게 되면 곧 실망할 테니까." 이러나저러나 소녀들은 정상적이고 싶다는 마음과 조바심 속에서 똘똘 뭉쳐 서로 돕고 스스로 용기를 얻는다(그것이 터질 때까지 질 속으로 손가락을 수직으로 쑤셔 넣으라는 조언을 듣지만 않는다면).

네가 왜 그렇게 느끼는지 이해해. 나도 똑같은 상황이니까. 다른 사람들에 비해 뒤처지고 아직도 어린애라는 느낌은 정말 짜증 나. 우린 뭔가 다른 걸 경험해보고 싶으니까. 모든 사람들이 생리를 안 하는 걸 좋게 생각하라고 하지만, 우리 생각은 그렇지 않잖아.

서문에서도 이야기했지만, 나는 이런 감정을 너무 잘 안다. 생리를 늦게 시작하면 사춘기라는 삶의 중요한 시기에 실제로 소외감을 느낄 수 있다. 친구들 중에서 내가 생리를 가장 늦게 시작했기 때문에, 나는 이 소녀들이 느끼는 감정들을 제대로 겪었다. 그러나 이런 문제 제기가 얼마나 빨리 강박관념으로 변할 수 있는지를 잊고 말았다. 어떤 소녀들은 최대한의 정보를 확실하게 얻고 싶은 마음에, 충분히 만족할 만한 답변을 얻지 못했을 경우 토론방에 같은 질문을 연거푸 열 번도 넘게 했다.

그들은 자기가 정상인지, 어떤 신호가 나타나기를 기다려야 하는지, 속옷에서 본 것들이 생리혈인지 아닌지를 묻기 위해 몇 주간 들락날락하며 끈질기게 질문을 해댔다. 그들 대부분이 속옷에 갈색 얼룩이 묻었다고 하면서, 처음에는 항문에서 흘러나온 예상치 못한 물질이라 생각한다고 말했다.

초경의 겉모습은 수많은 의심과 불안의 원인이 된다. 나는 소녀들에게서 "몇 달 전에 속옷에 약간 갈색 얼룩이 묻었는데, 아직 생리는 안 해요. 이게 뭘까요?"로 시작하는 메시지를 수없이 받았다. 이 부분에서도 여러분은 다시 한 번 '그게 생리의 증거이고 이 사실은 명백하며 의심의 여지가 없다. 생리를 시작한 소녀는 그게 생리임을 바로 알 수 있다'고 생각할지 모르겠다. 하지만 그 생각은 틀렸다. 많은 소녀들은 "무언가가 몇 달에 한 번 조금씩 나온다"고 하며, 언제나 모두들 "그런데 나는 아직 생리를 하지 않는다"라고 밝힌다. 그러면서 이게 무슨 의미냐고, 생리가 맞냐고 묻는다. 사실은 몇 달 전에 이미 생리를 시작했는데도 말이다.

이런 반응이 나오는 이유는 우선 생리를 시작한 첫날부터 새빨간 피를 한 바가지씩 흘릴 거라고 예상하기 때문이다. 그러나 생리를 시작한 첫해에는 주기가 매우 불규칙하며, 그래서 이런 판단 오류도 잦을 수 있다. 소녀들은 생리가 무엇이고, 자신이 결국 생리를 하게 될 거라는 건 대강 알지만 생리가 어떤 모습인지, 얼마나 자주 하는지, 피의 양이 얼마나 되는지에 대해서는 잘 모른다. 따라서 부모들은 생리에 대해 세부적으로 이야기하는 것을 두려워하지 말고, 또 오래전 일이라 잊어버렸다 할지라도 아이들과 명확하게 소통해야 한다.

연구의 일환으로 나는 동네 청소년도서관을 한 바퀴 돌아보면서, 청소년을 위한 생리 지침서에 어떤 내용이 있는지, 그리고 그 문제를 청소년들에게 어떻게 설명하는지 알아봤다. 대체로 생리는 더럽거나 수치스러운 것이 아니라는 점을 강조하면서, 비교적 긍정적이고 복잡하지 않게 설명하고 있다는 점을 확인할 수 있어서 흐뭇했다. 반면 약간 수박 겉핥기식으로 생리를 다루었다는 점이나, 세부사항이 충분하지 않다는 점은 조금 안타까웠다.

대부분의 지침서에 초경의 겉모습, 생리혈의 양, 색깔, 주기에 따른 농도의 차이에 대해서는 일절 언급이 없었다. 또한 생리를 관찰하면서 이상이 있는지 없는지를 확인하는 게 중요하다는 설명도 전혀 없었다. 마찬가지로 대하가 질의 건강 상태를 알려주는 최고의 지표이며, 대하의 농도, 색깔, 심지어 냄새에 따라 더 다양한 이야기를 할 수도 있다는 언급도 없었다.

반면 일상의 사소한 불쾌감을 두려워하지 말고, 위생이나 정상적인 생활에 신경 써야 한다는 점은 중요하게 다루고 있었다. 생리통이 너무 심하면 진찰을 받아보라(이것은 매우 중요한 지적이다)고 조언하는 지침서들도 있었지만, '구체적인' 정보가 없다는 점은 아쉬웠다. 다소 외설적인 부분을 다루어야 하는 실질적인 세부사항에 대해서는 언급을 삼가는 경우가 너무 많았다. 각각 다른 젠더를 이해할 수 있는 통합된 지침서가 없어서 유감스러웠다는 점도 짚고 넘어가야겠다. 남자아이들이 사춘기를 함께 보낼 다른 편, 즉 여자아이들을 조롱하거나 그들에 대해 편견을 갖지 않고 더 잘 이해하려면 더 많은 내용을 배워야 하기 때문이다. 하지만 이것은 또 다른 문제다.

마지막으로, 어쩌면 이 지침서들 모두 유머가 약간 부족한 건 아닐까 하는 느낌이 들었다. 모든 일은 늘 유머와 함께라면 더 쉬운 법이고, 사춘기에는 모든 것이 심각하고 강렬한 법이니까. 가능하면 일찍 이런 이야기를 가볍게, 웃음을 섞어가며 가르친다면 아무도 상처를 받지 않을 것 같다.

세계 곳곳에서의 생리

2016년 12월 18일, 네팔의 열다섯 살짜리 소녀가 자신의 '월경 움막'에서 사망한 채 발견되었다. 생리를 하는 동안의 여느 저녁과 마찬가지로 로샤니 티루와Roshani Tiruwa는 식사를 한 뒤 밤을 보내기 위해 움막으로 돌아갔다. 몸을 덥혀주고, 주변을 어슬렁거릴지 모를 맹수들을 쫓아버리기 위해 그녀는 조그맣게 불을 피우고 잠이 들었다. 그리고 그날 밤 사망했다. 아마도 움막에 산소가 부족했던 것 같다. 아침 일찍 그녀의 시신을 발견한 것은 아버지였다.

2016년 11월 19일, 스물여섯 살의 담바라 우파디야이Dambara Upadhyay도 비슷한 상황에서 사망했다(처음에는 그녀의 사망 원인이 심장마비로 알려졌으나 확실한 원인은 확인할 수 없었다).

네팔에는 생리하는 동안 '월경 움막'에 있어야 하는 차우파디Chaupadi라는 관습이 있는데, 주로 네팔 서부의 힌두교도 여성들이 이를 따른다. 차우파디는 생리 중인 여성을 부정하다고 여겨, 여성이 생리하는 동안 사회 및 가족 활동에 참여하지 못하도록 엄격하게 금한다. 따라서 여성들은 집과 떨어져 있는 움막에서 지내야 하며, 그러다 보니 대략 열흘 정도 침략자(동물 및 인간)에 흔히 노출된다. 여성들은 남성들과 접촉할 수 없으며 집 주변의 땅을 밟을 수도 없다. 고기나 유제품같이 비싼 음식들을 오염시킬 수 있기 때문에 그런 건 먹을 수 없으며, 가족과 따로 떨어져 마른 음식이나 곡물로 끼니를 때워야 한다. 학교에 가거나 목욕하는 것도 금지된다. 월경 움막은 오래전부터 전 세계 여러 문화에 걸쳐 흩어져 있었으나, 천만다행으로 점점 사라져가고 있다.

2005년 네팔 대법원은 이 전통을 불법으로 선언했으나 네팔 오지에서는 여전히 행하고 있으며, 네팔 여성들에게 차우파디를 강요하는 사람들이 실질적으로 처벌을 받는 일은 드물다. 2011년 유엔이 실시한 한 연구에 따르면 네팔의 아참 지구에서는 여성의 95퍼센트가 지금도 이 관습을 따르고 있다. 사고로 죽는 경우 외에도 많은 여성들이 차우파디로 인해 고립되어 있는 동안 병에 걸리거나 공격을 받는다. 이들이 고립된 곳의 위생이 어떤가에 따라 여성들이 걸릴 수 있는 심각한 질병과 감염의 수는 셀 수조차 없다. 게다가 이런 관습은 여성들

의 사회적 신분 상승을 심각하게 저해한다. 일 년에 몇 주씩은 학교 수업에 빠져야 하니 교육받을 기회를 놓치고 말기 때문이다.

앞에서 생리를 둘러싼 금기가 전 세계 여성들에게 어떤 점에서 위험한지를 알아보면서, 그 금기를 깨는 것이 왜 중요한지를 설명할 때 내가 들었던 예와 같은 이야기다. 금기는 여성들의 사회적 신분 상승에 제동을 걸고, 신체적으로나 정신적으로 여성들의 건강을 해치며, 그들을 감금하고 배제한다.

이런 금기가 여성을 공격하는 일이 비단 네팔에서만 벌어지고 있지는 않다. 대부분의 개발도상국에서 생리 기간에 여성을 격리하는 가혹한 행위가 자행되고 있다. 전통 때문에도 그렇지만, 적절한 위생용품 및 제도적 보건에 접근할 수 없다는 아주 단순한 이유로, 여성들은 살균되지 않은 낡은 천에 혹은 아무것도 없이 그냥 땅에 피를 흘려야만 한다. 따라서 생리하는 여성들은 자유롭게 활동하기가 힘들다. 어디를 갈 수도, 일을 할 수도, 학교에 갈 수도 없다. 생리를 받아낼 수 있는 것 또는 가능한 한 남들 모르게 생리할 수 있도록 도와줄 만한 것이 전혀 없기 때문이다.

네덜란드 발전기구Netherlands Development Organization와 국제물위생센터International Water and Sanitation Center가 실시한 연구를 보면, 우간다에서도 상황이 매우 비슷하다는 걸 알 수 있다. 여학생 절반이 매달 1~3일씩 수업을 거르는 형편인데, 방학 기간을 빼면 일 년에 8~24일을 결석하는 셈이다. 평균적으로 여학생들은 생리 때문에 수업의 11퍼센트를 놓치며, 학업이 너무 뒤처져서 공부를 포기해야 하는 여학생들도 상당하다. 여학생의 60퍼센트가 생리 기간에 수업에 빠졌다고 고백했고, 여성 교사의 40퍼센트가 똑같은 경험을 털어놓았다. 보건시설과 관련해서는 70~80퍼센트의 여성 교원들이 보건시설 이용이 불만족스럽다고 보고했고, 학생들이 사용할 수 있는 어떤 종류의 위생용품도 없다고 단언했다.

여학생이 생리하는 걸 보고 남학생들이 조롱하는 일도 있으며(여학생이 적절한 위생용품을 사용할 수 없기 때문이다), 이런 여성들은 사회적 성공의 기회를 가차 없이 짓밟히고 있다. 따라서 중국에는 소녀들과 소년들이 같은 무기를 가지고 인생을 시작할 수 있도록, 그리고 그들 스스로 통제하기 힘든 요소 때문에 지속적으로 뒤처지는 상황이 벌어지지 않도록 모든 나라와 모든 사회계급에서 생리라는 금기를 언급하고 교육하고 탈신비화하는 것이 중요하다. 생리를 한다는 사실을 아무리 억누르려 해도, 결국 그 사실은 알려질 것이기 때문이다.

일부 국가들에서는 생리에 대한 금기가 제사의 자유를 침해하기도 하는데, 특히 인도에서는 대부분의 이슬람 사원이나 힌두교 사원에서 여성의 출입을 제한하고 있다. 이는 모든 여성에게 해당되기도 하지만, 특히 생리 중인 여성만을 금지하는 경우도 있다. 여성이란 존재는 제사 지내는 장소를 더럽히는 요소로 간주되고, 페미니스트적이고 서구적인 관점에서 보면 완전히 비상식적인 상황으로까지 치닫는다.

예를 들어 2015년 11월, 여성 신도의 출입이 공식적으로 금지된 인도의 아마드나가르 사원에 한 여성이 들어가자, 그곳을 지키는 경호원 일곱 명이 직무를 정지당했다. 그 죄가 너무도 심각하게 여겨진 나머지, 사원을 오염시킨 부정한 에너지를 없애기 위해 사원을 정화하는 의식이 치러졌을 정도였다. 신성모독의 위중함을 강조하기 위해 정화의식이 진행되는 내내 사원은 봉쇄됐고, 완전히 정화된 뒤에야 (남성들에게만) 다시 문을 열었다.

일부 힌두교 사원 앞에는 생리 중인 여성들의 출입을 공식적으로 금하는 표지판이 세워져 있다. 그러나 어떤 곳들은 더 강력한 금지, 즉 여성에 대한 전면 금지를 표방하기도 한다. 여성이 사원에 들어올 때 생리를 하는지 여부를 확인할 수 없기 때문이다. 인도 케랄라주의 사바리말라 사원은 간단하게 10~50세 여성의 출입을 금한다. 이 사원의 관리위원회 의장인 프레이야 고팔라크리슈난Prayar Gopalakrishnan은 출입을 통제하기 위해 여성의 생리 여부를 검사할 수 있는 기계가 없는 만큼, 다른 여성들에게도 사원 문을 열지 않겠다고 선언했다.

이 금기들은 오늘날에도 여전히 유지되고 있지만, 인도 여성들은 점차 이를 완전히 폐지하고자 투쟁을 벌이고 있다. 예를 들어 '해피 투 블리드Happy to Bleed' 운동은 인도 젊은이들이 고팔라크리슈난의 발언에 저항하기를 바라는 뜻에서 일어났다. 이 운동은 젊은 여성들에게 '해피 투 블리드'라는 메시지를 희화한 표지판을 들고 사진을 찍어 올리라고 응원한다. 인도 사회에서 생리의 존재를 더 부각시키고, 남성들과 종교 지도

사회에서 만나는 생리

자들이 주도하는 모욕적인 시도를 궤멸함으로써 생리의 존재를 보편화하려는 움직임이다.

인도에서 벌어지는 운동이 '해피 투 블리드'뿐만은 아니다. 이 운동이 전파하는 개념을 중심으로 점차 여러 운동이 생겨나고 있다. 그중에서도 주목할 만한 것은 활동가 아디타 굽타 Adita Gupta가 개설한 '멘스트루피디아Menstrupedia'라는 사이트다. 이 사이트는 젊은 인도 여성들에게 수치심을 주고 난처하게 만들어 그들을 지배하려는 세력에 반대하기 위해, 여성들에게 실제로 생리가 무엇인지 알려주고 생리를 둘러싼 금기를 타파하

며 이와 관련된 긍정적인 메시지를 전달하려는 목적을 갖고 있다. 이런 금기는 정신적이고 심리적인 면에만 영향을 주는 것이 아니기 때문이다.

이것이 강력한 힘을 발휘하는 다른 모든 개발도상국들에서도 마찬가지다. 수치심은 침묵을 불러오고, 침묵은 건강과 위생에 문제를 일으킨다. 그러나 누구도 감히 침묵을 깨고 그런 문제를 거론할 수 없으니, 아예 고려도 하지 않는 것이다.

여성들만 이런 활동에 참여하는 것은 아니다. 아루나찰람 무루가난탐Arunachalam Muruganantham은 아미트 비르만Amit Virman 이 2013년에 제작한 다큐멘터리 〈생리하는 남자Menstrual Man〉에서 일약 스타덤에 올랐다. 어쩌다 이렇게 유명해졌을까?

무루가난탐은 1998년 샨티라는 여성과 결혼했다. 결혼 생활을 하면서 그는 아내가 매달 생리를 할 때마다 낡은 헝겊과 신문지에 생리혈을 흡수시키고 있다는 사실을 알게 되었다. 이런 사실에 큰 충격을 받았을 뿐 아니라 속상한 마음이 들었다. 그는 어깨를 으쓱하며 '그래, 안됐군. 그런 게 인생이지 뭐'라고 넘기는 대신 행동에 착수했다. 그러고는 섬유소로 된 생리대를 직접 만들기 시작했다(몇 번의 실패 끝에). 게다가 이 생리대를 만들 수 있는, 작지만 약간 비싼 기계를 제작하기까지 했다.

사회에서 만나는 생리

인도의 시골 마을로 팔려나간 이 기계 덕분에, 오늘날 인도 여성들은 점차 저렴한 가격으로 생리대를 사용할 수 있게 되었다. 이런 변화는 시장을 형성한 것은 물론 일자리도 창출해 냈다. 무루가난탐은 수많은 제안을 뿌리치고 이 소박한 사업권을 여전히 팔지 않고 있으며, 인도 여성들의 일상을 개선하는 일에 계속해서 전념하고 있다.

생리를 받아들이고 모든 종류의 금기를 없애기 위해 가야 할 길은 아직 많이 남아 있지만, 이런 악습에 맞서려는 목소리는 점점 커지고 있다. 수많은 역사적 사건들이 증명했듯이, 때로 몇 발자국 뒤로 물러나는 일은 있을지언정 우리는 결코 진보를 막을 수 없다. 나는 이 전투들에 무한한 신뢰를 보낸다. 우리는 결국 그곳에 도달할 것이고, 믿음과 확신을 얻게 될 것이며, 온갖 미신들은 미래 세대의 농담거리가 될 것이다.

금기가 없는 곳도 있다

이 와중에 지금까지 말한 사례와는 다르게 생리를 평가하는 문화와 종교가 있다는 사실은 너무도 다행스럽다. 그런 문화와 종교가 소수에 불과하고 거의 그런 얘기를 들을 수 없긴 하지만, 그래도 존재하기는 한다.

나는 15세기에 인도 북부에서 발원한 일신론 종교인 시크교의 사례를 가장 선호한다. 시크교도들은 남성과 여성을 동등하게 취급하며, 생리하는 여성을 부정하다고 말할 수는 있지만 오로지 위생의 관점에서만 그러할 뿐이고(그녀의 몸이 '더러운' 상태라면), 영적으로는 전혀 그렇지 않다고 이야기한다. 이런 주제를 다룬 여러 시크교 토론방에서 읽을 수 있었던 사실들 가운데는 생리하는 여성이 부정하다고 판단한다면 남성도 똑같이 취급해야 한다고까지 말하는 사람들도 있었다. 남성도 자신의 장 속에 장차 대변으로 나올 것을 갖고 있기 때문이라는 것이다. 대변은 더럽고 아무도 그것을 만지려 하지 않겠지만, 생리혈은 생명을 잉태한다. 따라서 정말로 여성의 부정함과 남성의 부정함을 비교하길 원한다면 더 부정한 쪽은 남성일 것이다.

시크교의 많은 종교 지도자들은 부정한 여성이라는 개념을 가차 없이 단죄하고, 그중 일부는 생리나 임신을 이유로 여성을 고립시키는 이런 관습을 부당하고 근거 없는 것이라 판단하여 금지하기까지 한다. 시크교도들은 젠더의 차이를 인정하긴 하지만 어떤 젠더가 다른 젠더보다 우월하다고 판단하지 않는다. 시크교에서는 어떤 분야에서든 여성의 역할을 배제하지 않는다. 모든 것은 단순주의 원칙으로 설명되지만 그런 원칙이 모든 분야로 전파되지는 않았다. 즉 여성들은 생명을 낳기 때문에 여성이 없으면 남성도 없다. 여성이 없다면 지도자는 물론 다른 여성도 존재할 수 없으며, 따라서 품위 있고 공손하게 여성을 대우해야 한다. 이 사회는 오로지 여성들 덕분에 존재할 수 있으며, 이 사회는 여성의 역할에 존경심을 가져야 하기 때문이다.

시크교도들은 인류를 구성하는 모든 것들이 그러하듯, 생리의 기원도 신성하다고 생각한다. 그 기원에 따라 다른 신성한 창조물들에 존경심을 갖는다면 생리 역시 부차적인 것으로 취급할 수 없다. 시크교도들은 인간이 액체 단계에서 더 고차원적인 단계로 나아가기 위한 번식 과정에서 이 피가 중요한 역할을 한다고 강조한다. 이 피는 찌꺼기에 불과한 것이 아니라 생명을 낳는 데 기여하기 때문이다.

시크교도에게는 생리혈을 둘러싼 온갖 미신들이 자리할 곳이 없다. 생리혈은 더럽거나 무언가를 오염시키는 것으로 여겨지지 않으며, 단죄 받아야 할 대상은 마음이 부정한 사람들이지 생리를 하게끔 창조된 여성이 아니다. 결국 생리를 문제 삼는 건 신의 창조를 문제 삼는 것이 아닌가?

그러나 생리혈을 절대악으로 보는 일반적인 시각에 불만을 드러내는 것은 비단 시크교도만이 아니다. 보르네오섬의 롱구스족은 생리를 금기로도 신성한 것으로도 여기지 않는다. 생리는 단지 생리일 뿐, 그 이상도 이하도 아니다. 이런 사실은 알마 고틀리브Alma Gottlieb의 《블러드 매직: 생리의 인류학Blood Magic: The Anthropology of Menstruation》을 통해 알게 되었는데, 고틀리브는 이렇게 말한다. "그들은 생리가 순수하다고도, 그것이 무언가를 오염시킨다고도 말하지 않는다. 생리혈은 그저 몸 밖으로 배출되어야 하는 체액에 지나지 않는다. 그들은 그것을 문제 삼지 않는다." 결론적으로 말하자면 그들은 우리보다 몇 발짝 앞서 있는 것이다.

다시 한 번 고틀리브의 연구를 참조하자면, 코트디부아르의 벵족 역시 몇 가지 제한이 있긴 하지만 생리에 대해 보다 긍정적인 관점을 갖고 있음을 알 수 있다. "지역사회의 종교 지도자인 한 노인은 내게 생리가 나무에 핀 꽃과 같다고 말했다. 열매를 맺으려면 반드시 꽃을 피워야 한다. 이것은 더러움, 죄악, 오염과는 완전히 상반되는 이데올로기다."

많은 문화들에서 초경은 한 소녀의 삶에서 대단히 큰 사건 중 하나로 기념된다. 사람들은 소녀를 위해 잔치를 열어주고 선물을 하고 보석을 준다. 초경을 성인의 상징으로 여기는 것은 매우 긍정적인 관점에서 비롯되었으며, 따라서 기쁘게 받아들여야 한다. 그러나 불행하게도 이것은 소녀가 장차 엄마가 될 수 있다는 뜻이고, 따라서 소녀들은 자신의 역할을 다하기 위해 서둘러 결혼을 해야 한다는 뜻이기도 하다. 다음 과정은 그렇게 환희에 들떠 환영할 일은 아니며, 특권도 맨 처음에나 보장될 뿐이다. 수차례 확인할 수 있었듯이, 생리라는 일에 모두 장밋빛 측면만 있는 건 결코 아니기 때문이다.

생리를 보다 긍정적으로 보는 시각(이것은 분명히 존재한다. 이런 문화가 사라지고 점점 모호해지기는 하지만 존재하는 것만은 확실하다)을 찾아내려고 애쓰면서, 연구하는 내내 내 감정은 엘리베이터를 탄 듯 오르락내리락했다. 소녀들의 초경을 축하하는 의식 이야기를 들을 때마다 내 얼굴은 환하게 빛이 났지만, 모든 일은 이 축하 의식 이후에 벌어진다는 것을 깨닫고 나자 눈이 뒤집힐 정도로 화가 났다.

우리는 소녀들의 생리가 아니라 그들의 생산성을 축하한다. 그들이 타고난 역할, 즉 엄마의 역할을 수행할 수 있는 그 능력을 축하하는 것이다. 한 아이의 최초의 출혈을 축하하는 잔치는 이런 함축적 의미로 인해 곧 흥이 깨지고 만다.

다시 고틀리브의 책으로 돌아가자. 나는 이 책에서 가나의 소녀들 이야기를 읽었다. 이들은 초경을 하면 여왕처럼 축하를 받는데, 이들이 앙증맞은 양산을 받치고 앉아 있으면 사람

들이 와서 축하를 해주고 산더미 같은 선물을 안겨준다는 것
이다. 혹시나 해서 이것저것 찾아보다, 이런 기사가 실려 있는
가나의 잡지를 찾아냈다.

가나의 어떤 지역에서는 월경혈을 나쁜 징조로 여기고, 여
성을 공격하는 의식에 사용하기까지 한다. 이 나라의 문화들은
대부분 월경을 하는 여성들을 부정하다고 본다. 따라서 이 여성
들은 사람들 앞에 나설 권리가 없다. 요리를 할 권리도 없다.

생리혈을 남성의 재생산 및 생산 능력에 대한 위협으로 인
식하는 시각도 있었다. 생리혈은 물을 오염시킬 수도 있다. 어
떤 지역들에서 생리를 하는 여성들은 고립되거나 숨어 지내
야 한다. 생리는 질병이라고 단도직입적으로 말하는 이들도 있
다! 앞의 기사는 다음과 같이 이어진다.

동료 하나가 자기 딸에게 생리대를 사다 주러 상점에 들어
갔다. 그가 '생리대'라는 단어를 말하는 순간, 주변에 있는 모든
사람들이 키득거렸다. 남자들이 아내나 딸의 생리를 돕는다는
건 상상도 할 수 없는 일이기 때문이다!

초경파티라는 말이 근사하게 들릴 수 있지만, 다른 의미에서 생각해보면 웃을 일은 아니다. 이런 비판이 낯선 문화를 보는 나의 서구적 시각에서 비롯된 것이라고 생각하지 마라. 나는 "오, 이런, 이 사람들은 마땅히 해야 할 일을 하지 않고 있잖아!"라는 말을 하기 위해 이런 예를 든 것이 아니다.

내 주변에는 아직도 사람들이 놀릴까 봐 지인들에게 생리대를 사다 주기를 단호하게 거부하는 친구들이 있다. 나는 이런 문제가 얼마나 전반적인 현상인지 알려주고, 그것이 어떤 방법으로 정당화되고 표현되건 그것이 의미하는 바나 고통받는 사람은 매한가지라는 점을 보여주기 위해 그런 예를 든 것이다.

광고가 수치심을 조장한다

생리라는 단어를 텔레비전에서 들어보고 싶은가? 교양 프로그램이나 시리즈물이 아니라 생리대 광고를 보면 선택의 폭이 넓어질 수 있다. 우리는 보통 광고업자들이 생리혈을 모아주는 제품의 광고를 만들 때, 그 제품이 어디에 쓰이고 어떻게 사용하는지를 소비자들이 최대한 잘 이해할 수 있도록 노력할 것이라고 생각한다. 광고업자들은 지나치게 노골적인 부분은 건드리지 않고 기술적으로 화면을 전환함으로써 메시지를 전달한다. 즉 생리대의 날개가 어떻게 속옷 아래로 접히는지, 탐폰이 어떻게 '액체'를 흡수해 화관 모양으로 열리는지를 3D 애니메이션으로 소비자에게 설명하는 것이다.

그러나 과감하게 '생리'라는 단어를 사용하는 광고도 있기는 한데, 그것이 생리대 광고임을 알 수 있게 해주는 유일한 증거는 그 단어뿐이다. 광고에서는 피라고 말하지 않고 액체라는 말을 쓴다. 외음부나 질이라는 말은 쓰지 않고, 그곳 또는 민감한 부분이라고 표현한다. 거의 언제나 왜 광고가 그런 식으로 생리를 다루는지 참 이해하기 힘들다. 자신의 삶에서 광고에 나오는 그런 이야기를 들어본 적 없는 사람들은 메시지를 쉽게 지나쳐버릴 수도 있다. 어찌 됐건 광고에 생리가 없기 때문이다. 그럴 리 없다고? 아니다. 광고에는 생리가 없다.

이 책 초반부에서 몇 번 이야기했듯이, 나는 무엇보다 모든 사람이 생리가 무엇인지에 대해 명확한 개념을 가져야 한다고 진지하게 생각한다. 그 개념들은 언젠가 생리를 할 젊은 여성들 그리고 주변에 정보가 충분치 않은 젊은 여성들에게 영향을 미칠 것이다. 이 젊은이들이 생리에 대해 알고 있는 모든 것이 광고에서 보여주는 것으로 요약된다면, 우리는 사막에서 빠져나오지 못할 것이다. 차라리 '민감한 부위'를 위한 비누 광고의 메시지가 더 명확하다. 비누 광고는 샤워기 아래에서 요염하게 외음부를 비누로 문지르는 나체의 여성을 보여줄 수 있으니까.

생리대 광고에는 유용한 정보가 없는데다, 광고가 전달하는 메시지는 혼란만 가중시킨다. 생리의 노예가 아닌 여성, 매달 그날마다 원하는 것을 자유롭게 할 수 있는 여성의 이미지를 팔기 위해, 광고는 우리에게 정제된 환상을 심어준다. 광고에는 오로지 서구의 미의 기준에 부합하고, 늘 미소를 짓고 있으며, 등산을 하고 자전거를 타고, 피를 뒤집어쓸 염려 없이 연인의 품으로 뛰어들며, 직장에서도 지극히 생산적이고 성취도가 높은 날씬한 여성들(주로 백인인) 일색이다. 말하자면 생리를 하건 안 하건 이 여성들은 순수하고 날씬하고 깃털처럼 가벼운 천상의 존재들인 것이다. 이런 광고들이 샤워 젤을 팔려는 건지, 혹은 하와이 바캉스 상품을 팔려는 건지, 아니면 정원 용품을 팔려는 건지 우리는 알 수가 없다.

이런 광고들에 따라오는 메시지를 보면 어떤 점에서 생리가 금기시되는지 깨닫게 된다. 모든 것이 생리라는 신체의 기능을 은폐하는 데 집중되어 있는 것이다. 광고는 비밀 보장, 냄새 없음, 보이지 않음은 물론 기필코 생리를 비밀에 부치기 위해 필

요한 모든 것을 약속한다. 발각될 두려움, 새는 것의 두려움, 그리고 우리의 훌륭한 기능을 드러낼 냄새에 대한 두려움을 바탕으로 광고가 만들어진다. 그런 사실이 만천하에 공개되는 것보다 더 나쁜 일은 없기 때문이다. 이 기적 같은 상품이 나오기 전에 우리는 정상적으로 살 수 없었고, 사회적이고 전문적이며 기능적인 삶을 영위할 수도 없었다. 그러나 육안으로는 완벽하게 찾아낼 수 없는 위생용품 덕분에 마침내 우리는 남들 앞에 나설 수 있고, 우리 몸의 굴곡을 훑고 지나가는 시선에도 개의치 않으며, 남자들은 이제 우리 몸을 만질 수 있다.

사회에서 만나는 생리

마침내 수치심에 휩싸이지 않고도 사무실에서 회의에 적극적으로 참여할 수 있다. 심지어 흰 바지를 입고 자전거를 탈 수도 있으니, 이것이 한 여성의 삶에서 성취할 수 있는 최고봉이 아니고 뭐겠는가?

물론 내가 텔레비전 화면에서 생리혈을 한껏 머금은 탐폰을 보고 싶다는 건 아니다. 하지만 광고에는 이미 급성 설사, 발가락 무좀(3D로 제작한 곰팡이 균이 둥지를 틀려고 누레진 발톱을 들어 올리는 장면), 풍성한 나체(아마도 햄이나 자동차 따위를 팔기 위한)가 등장한다. 그렇다면 위생용품에 대해서도 수줍음을 어느 정도는 참을 수 있지 않을까 생각한다.

내가 똑똑히 기억하는 탈취제 광고가 있다. 광고에서 한 남자아이가 엄마에게 '응가'를 하고 싶다고 말한다. 엄마가 화장실에 가서 하자고 하니까 아이는 "싫어, 폴 집에 가서 할 거야!"라며 한사코 거부한다. 폴의 집에는 화장실에 탈취제가 있기 때문이다. 이 광고에서 '응가'라는 말을 적어도 세 번은 들었다고 장담한다. 뇌에 전달되는 이미지로 '응가'보다 더 분명하고, 더 강렬한 것이 있을까. 그런데 그 광고를 보고 모두가 배꼽을 잡고 웃었다. 게다가 이 광고가 저녁식사 시간에 나왔을 때 엄마와 불쾌한 눈빛을 나누었던 일도 생생히 기억난다. 직업적인 습관 때문일지는 모르겠지만, 나는 생리혈의 핏방울 몇 개보다 대변이 훨씬 혐오스러운 것 같다.

물론 예외는 있다. 어떤 광고 캠페인들은 여성과 그들의 자유, 다양성, 무수한 일들을 해낼 수 있는 능력을 더 많이 표현하고 있다는 점을 정직하게 인정해야 한다. 그러나 거듭 말하지만, 아무리 선한 의도가 있더라도 그런 표현이 그다지 큰 쓸모는 없다. 어떤 캠페인들은 생리대라는 제품을 아예 언급하지 않는다. 그러니 생리 자체에 대해서는 더 말해 무엇하랴.

생리에 혁신적이고 타당한 방법으로 접근할 수 있는 어떤 계기가 있다면, 금기를 완전히 그리고 결정적으로 없애버리기 위한 어떤 발판이 있다면, 우리는 그런 것을 어디서 찾을 수 있을까? 우리는 생리를 다루는 미디어를 비판할 수 있고, SNS에서 공개적으로 생리 이야기를 거론하는 사람들을 비난할 수 있으며, '생리의 열정'이라는 블로그를 개설한 나를 욕할 수 있다. 사람들은 그런 일을 불편해하지 않는다. 그러나 상식적으로 돈을 내고 광고를 제작한 어떤 생리대 브랜드가 광고에서 생리라는 말을 했다고 해서 그것을 비난해서는 안 된다.

저녁식사 시간에 그런 광고가 나오는 것을 불쾌하게 여기는 사람들은 언제나 있겠지만(그러나 그건 무좀, 설사, 변비, 화장지 광고도 마찬가지다), 이것은 다른 문제다. 광고가 생리를 어떤 방식으로 다루든 사람들은 항상 불편해할 것이므로(나는 저녁식사 시간에 파란 액체가 나오는 광고를 보고도 투덜대는 사람들을 이미 여러 번 보았다. 이들에게 무엇을 해줄 수 있으랴), 다른 방식으로 광고를 만들어야 한다. 더 지적이고 긍정적인 방식으로, 정보를 제공하고, 콤플렉스를 없애고, 생리를 죄로 보지 않는 광고를 만드는 것이다.

생리를 하나하나 분석해 생리에 관한 가장 불합리한 모든 신화를 검토하는 광고 캠페인을 왜 만들지 않는 걸까? 자, 이건 내가 여러분에게 드리는 선물이다. 생리를 하면 마요네즈를 만들 수 없다고 생각하는 사람들에 대한 짧은 광고 영상을 하나 만들 수도 있고, 생리하는 동안 머리 감는 게 안 좋다고 생각하는 사람들을 소재로 만들 수도 있다. 그리고 하나 더, 탐폰이 질 속에서 사라질 수 있다고 믿는 사람들 이야기도 있다. 나는 광고 수익의 30퍼센트만 갖겠다. 내 편집자에게 연락하시라. 원한다면 다른 아이디어도 많이 있다(자궁내막증에 관한 의학 연구를 후원하면서 그 덕을 좀 볼 수도 있다. 정말 천재적이지 않은가?).

조금만 더 깊이 생각해본다면, 생리에 접근하는 방법을 찾기가 불가능하지 않다는 증거를 찾을 수 있다. 생리라는 이름을 감추고 기필코 위장하는 대신, 상표에 그것을 있는 그대로 표시하는 것과 같은 간단하고 익살스러운 방법을 쓰면 된다.

우리는 전 세계 아주 많은 사람들이 겨우 생리에 아연실색한다는 사실을 가지고 놀면서 그들을 조롱할 수 있다. 단순한 신체 기능에서 비롯된 신화와 믿음을 비웃어주자. 전염될까 두려워 마트의 위생용품 코너를 지나치지도 못하는 사람들의 혐오감을 비웃어주자.

우리는 생리를 생각하며 웃을 수 있다. 더 이상 탐폰이나 생리대가 우리를 신비로운 존재로 만들어줄 거라고 속이지 않고 판매되는 것을 보며 웃을 수 있다. 아무것도 느끼지 않고, 배출하지도 않으며, 자기 몸에서 무슨 일이 일어나는지 전혀 보여주지 않는 신비로운 존재들 말이다. 생리통 때문에 몸이 뒤틀리고, 샤워를 마치고 나오면서 욕실 타일에 피를 몇 방울 흘리고, 생리 첫날 화장실에서 두 시간이나 보낸다고 해서 내가 열등하고 불쾌한 여성인 것은 아니다. 얼마나 감사한지.

스포츠계에서의 생리

스포츠는 상대적으로 남성적인 영역에 속하는 문화다. 스포츠를 하는 것이나 보는 것은 '남자들의 분야'이고, 남자들이 치맥과 축구를 즐기며 저녁을 보내는 동안 여자들은 쇼핑을

사회에서 만나는 생리

한다(그리고 남자친구가 치킨-맥주-축구로 저녁을 보낸다고 불평한다). 남자아이들에게는 활동적인 스포츠를 추천하고, 여자아이들에게는 춤이나 피겨스케이팅 같은 좀 더 '여성스러운' 스포츠를 시킨다. 대형 스포츠 경기들은 남자 팀을 집중 조명하고, 반면 여자 경기는 별로 인기 없는 방송시간대로 밀려나거나 대중들의 관심을 덜 받는 편이다.

각 스포츠에는 여자 팀이 있는데, 스포츠 팬인 친구들(남자와 여자 모두)과 얘기해보면 전부 같은 대답을 한다. 객관적으로 남자 팀 경기보다 여자 팀 경기를 보는 게 덜 재미있다는 것이다. 나는 이런 주장에 늘 납득하기 힘들었고, 중학교의 체육시간 이후로 스포츠와는 담쌓고 지낸 사람이므로 이런 주제를 이론화하기에 별로 적합한 사람은 분명 아닐 것이다. 그런만큼 여기서 이 얘기를 더 하지는 않겠다.

하지만, 잠깐 간단한 질문을 하나 하겠다. 여자 선수들이 생리 중일 때 어떻게 운동을 하는지 생각해본 사람이 있는지? 손을 들어보자. 지금 손을 든 사람이 그렇게 많지는 않을 거라고 생각한다. 나는 이 문제를 오랜 시간 고민해왔다.

스포츠계에서는 이제 생리라는 금기를 덮고 있는 베일이 미디어를 통해 순탄하게 벗겨지고 있는 중이다. 특히 2016년 브라질 올림픽에서 중국의 수영선수 후 유안휘Fu Yuanhui의 발

언이 큰 힘을 발휘했다. 그녀는 400미터 경기에서 탈락한 뒤, 전날 생리를 시작해서 컨디션이 좋지 않았다고 밝히고는 자신 때문에 동료 선수들이 탈락해서 안타깝게 생각한다고 말했다. 그녀의 발언은 전 언론의 일면을 장식했고, 전 세계가 앞다투어 그 발언을 보도했다. 그리고 그 누구도 결코, 아니 거의 언급하지 않던 영역에서 마침내 생리라는 주제에 접근했다는 점을 칭송했다.

2015년 1월, 테니스 선수 헤더 왓슨Heather Watson은 호주 오픈 대회에서 패배한 이유를 '여자들의 문제' 때문이라고 설명하면서 이미 생리라는 주제를 언급한 바 있다. 호주 오픈대회가 올림픽보다는 덜 중요한 행사였기 때문에 큰 이목을 끌지는 못했지만, 어쨌든 다른 여성들이 그런 표현을 할 수 있도록, 적어도 이런 문제를 제기할 수 있도록 물꼬를 터준 셈이었다.

2017년 2월, 잡지 〈레킵L'Équipe〉은 생리에 관한 완벽한 기사를 발표함으로써 또 하나의 큰 획을 그었다. 피 묻은 속옷을 배경으로 "생리: 챔피언들이 스포츠의 마지막 금기를 깨뜨리다"라는 제목이 장식된 표지를 내놓은 것이다. 이러한 선도적인 행동은 (마땅한) 박수를 받았고, 어떤 사람들은 2016년 11월 〈테니스 매거진Tennis Magazine〉이 "여성들이 빨간 것을 볼 때"라는 제목의 기사에서 이미 그 내용을 다루었다는 사실을 지적했다. 어쨌든 SNS에서 〈레킵〉의 표지는 도화선이 되었고, 많은 이들이 이런 발언을 한 선수들을 칭송했다.

그러나 이것은 어떤 사람들이 이 문제를 왜 그렇게 정색하고 거부하는지 다시 한 번 검증할 수 있는 기회이기도 했다. 이런 사건들을 통해 상황을 완벽하게 진단할 수 있는 매우 원색적인 댓글들이 실체를 드러냈기 때문이다. 자, 여기 당신의 관심을 끌 만한 멋진 댓글들을 몇 개 가져왔다.

"디니즈나 리네커 같은 (남자) 선수들이 똥 싸고 있는 표지도 빨리 만들어달라."

"탐폰으로 닦으면 되겠네요. :)"

"우리는 여자에 대해 모든 걸 알아야 한다. 심지어 생리에도 참견해야 한다. 그렇게 남자들을 귀찮게 해야겠나?"

"이 잡지 편집부, 볼수록 가관이다."

"…여자 선수들의 생리라고? 그러거나 말거나… 왜 온갖 곳에 다 금기가 있다고 하는가? 그냥 상상 아닌가?"

"짜증 난다. 자제란 걸 모르는군. 여자라고 득 보는 것 없을 텐데. 페미니즘도 마찬가지고!"

물론 이런 반응을 보이는 사람들 대부분은 남성이지만, 일부 여성들도 (그나마 그래픽이 많이 완화된) 이 표지를 보고 불쾌감을 표시하는 건 어쩔 수 없는 일이다. 거듭 말하지만 이런 현상을 보면 생리에 대한 거부감이 다시 문제 삼기도 어렵고 지나쳐버리기도 어렵다는 걸 알 수 있다.

그러나 이런 자료가 존재한다는 사실, 이런 표지가 법적으로 유효하고 출간되었다는 사실, 그것을 가판대나 인터넷에서 볼 수 있다는 사실은 이미 훌륭한 진전이라 할 수 있다. 여기에서 배운 것을 분명히 교훈으로 삼아야 한다. 예를 들어 프랑스 국립스포츠연구원INSEP의 부인과 의사인 카롤 메트르Carole Maître가 실시한 연구에 따르면 "2008년, 2009년에 여자 운동선수의 37퍼센트가 활동을 방해하거나 치료가 필요하다고 판단하는 항목으로 생리통을 꼽았다. 그리고 64퍼센트는 생리전증후군 때문에 기록이 현저하게 낮아진다고 생각했다." 생리를 해본 사람들은 이 기간에 일상의 평범한 일과를 수행하기가 힘들 수 있다는 점을 알기 때문에 이 자료들을 읽었을 때 별로 놀라지 않을 것이다. 100미터 허들 경기나 축구 경기 출전은 감히 생각할 수도 없는 게 당연하다.

그러나 스포츠계에 여자 선수들은 엄연히 존재한다. 호르몬 피임약의 도움을 받아 생리를 건너뛰는 방법을 선택하는 선수들이 있다고 해도 생리 역시 엄연히 존재한다. 이들은 자신의 실력을 항상 유지해야 한다. 여자 선수들은 질병이나 부상 같은 다른 핑곗거리가 없으면 평소보다 성적이 낮아진 이유나 불편함을 숨기는 것이 다반사였다. 그들의 편안한 선수 생활을 도울 수 있는 연구가 충분히 진행되지 않았기 때문에, 이런 문제는 팀 내에서나 관련 인사들 사이에서 전혀 개진되지 못했다. 그러나 모든 사람이 금기나 핀잔 없이, 위험을 무릅쓰는 일 없이 그 문제에 전념하기 위해서는 이런 사항들을 깊이 파고들어 연구할 만한 가치가 있다.

여자 선수들은 몸이 불편한 것을 넘어서, 생리가 공공연히 드러날까 봐 두려워한다. 〈레킵〉의 기사에서 많은 여자 선수들이 혹시 탐폰 실이 밖으로 나오지는 않을까, 유니폼에 피가 새지는 않을까 걱정된다고 털어놨다. 펜싱 선수인 아니타 블라즈Anita Blaze는 생리 기간에는 "평소보다 자제하게 된다"고 토로했고, 장대높이뛰기 선수 마리옹 로투Marion Lotout는 "생리를 한다는 생각만 해도 시합에서 멀어지게 된다"고 말했다. 생리가 금기나 수치가 아니었다면, 여자 선수들이 유니폼에 피가 묻은 모습이 방송에 나온다는 생각만으로도 얼어붙지 않았다면, 1위를 하지 못했을 때 잠을 못 잤다거나 골치 아픈 집안일이 있었다고 말하듯 생리를 자유롭게 말할 수 있었다면, 아마도 모든 일이 훨씬 잘 풀리고도 남지 않았을까. 결론은 전직 마라토너였던 폴라 래드클리프Paula Radcliffe가 했던 말로 되돌아간다.

> 우리는 참을 수 있는 최선의 방법을 고민하는 소수의 엘리트 운동선수들일 뿐이다. 대부분의 스포츠 닥터들은 남자이고 그들은 우리를 제대로 알지 못한다. 그래서 더 많은 여성들이 필요하다는 것이다. 결국 이 문제를 더 많이 연구해야 한다.

아직 아무도 대답을 찾지 못했고, 단 하나의 똑같은 금기가 만들어낸 이 모든 혼란에서 어떻게 빠져나올 수 있을지도 모른다. 그러나 점점 더 많은 사람들이 이 문제를 표현하고 고민하고 있으므로, 결국엔 분명히 해결책이 나올 것이다. 지금도 나는 생리를 거르기 위해 피임약을 장기 복용했을 때 몸에 어떤 영향이 나타나는지에 대해 아무도 실질적으로 검토하지 않는 상황에서, 누군가가 과도하게 피임약을 복용하고 있다는 생각(생리를 거르기 위해 피임약을 계속 복용하는 사례가 빈번하다)을 하면 무척 속이 상한다.

생리를 수용하고 담론화하고 그러기 위한 조치를 취하는 것에 반대함으로써 생리의 존재를 지우겠다는 생각은 결국 몹시 비극적이다. 거듭 말하지만 나는 자궁내막증의 경우처럼 생리 때문에 특히 끔찍한 고통을 겪는 사람들이 해결 방법을 끈질기게 찾아 나설 것이라고 생각한다. 그러나 이렇게 당사자만 대응하는 방식은 옳지 않다. 생리가 없어져야만 자기 자신이나 주변 사람들이 더 나은 삶을 살 수 있다면, 정말 문제가 심각한 것 아닌가.

대중문화 속에서의 생리

나와 같은 젠더들은 생리라는 신탁을 죽을 때까지 반복해야 할 운명이다. 전 세계 인구의 절반 이상이 생리를 하고 예전부터 늘 그래왔기 때문에, 우리는 이 문제가 충분히 검토됐을 거라고 순진하게 믿어버리는 경향이 있는 것 같다. 우리의 일상적인 논의뿐만 아니라 대중문화 속에도 말이다. 어쨌든 우리는 10여 편의 드라마를 몰아서 보느라 텔레비전 앞에서 긴 시간을 보내고, 매년 적어도 그만큼의 영화를 소비하니까.

대중문화는 늘 우리를 따라다니고, 우리의 대화는 대중문화에 대한 이야기로 넘쳐나며, 혼자 혹은 여럿이 함께 대중문화를 소비한다. 또한 우리의 현실과 대중문화 속 현실을 비교하고, 허구한 날 대중문화가 보여주는 것이 사실적이냐 아니

사회에서 만나는 생리

나를 놓고 갑론을박을 벌인다. 아주 먼 미래에 아득한 은하계에서 펼쳐지는 이야기라 해도 말이다.

이 작품들에서도 우리는 자궁을 갖고 있는 사람들을 많이 본다. 원하는 만큼은 아니지만 어쨌든 자궁이 있는 사람들이 굉장히 많고, 심지어 점점 더 많아진다. 따라서 우리는 허구의 인물들이 모험을 겪는 것뿐 아니라 먹고, 자고, 싸고, 방귀를 뀌고, (많은) 성관계를 하는 등 우리가 일상에서 하는 것과 똑같은 일을 하는 모습을 몇 시간이고 보고 있다. 그러나 사실상 텔레비전으로 결코 볼 수 없는 인간 삶의 한 요소가 있다면, 그건 바로 생리다.

물론 모든 영화가 등장인물들의 은밀한 사생활 장면들을 보여주는 것은 아니다. 대재앙의 생존자가 좀비 두 명의 목을 치려는 와중에 소변을 보러 가는 장면이 나온다면 그것도 좀 이상할 것이다. 그러므로 당연히 모든 작품을 논쟁의 대상으로 삼지는 않을 것이다. 그러나 촬영장에서 후배위 성교나 급성 설사 장면을 영화로 찍어 관객을 흥분시키는 것은 아무 문제가 없는데, 상대적으로 생리의 개념을 보여주거나 단지 언급만 하는 것도 아직은 상상하기 힘들다.

세상 멸망 이후를 다룬 작품들 얘기를 더 해보자면, 그런 상황에서 등장인물들이 화장실 가는 장면을 보여준다는 생각은 사실 좀 터무니없어 보인다. 하지만 생리하는 사람들이 그런 상황에서는 두 배 더 고통받는다는 사실을 보여주기 위해서라도, 생리를 언급하는 것이 내 생각에 그렇게 어리석어 보이지는 않는다.

적나라하게 피를 보여주는 〈워킹 데드The Walking Dead〉 시리즈는 좀비가 들끓는 세상에서 임신테스트기를 찾아냈고 아이가 생기게 하는 데 성공했다. 하지만 우리는 여전히 생존자들이 생리할 때 속옷에 그냥 하는지 같은 문제를 알고 싶다. 도무지 이해할 수 없는 건, 아마도 여자들은 더는 생리를 하지 않을 정도로, 아니면 거의 하지 않을 정도로 먹지 못했으니 문제가 저절로 해결되지 않았을까 하는 것이다. 그러나 그런 얘기를 해주는 사람이 없으니 이 문제는 그저 곰곰이 생각해보는 수밖에 없다. 마치 이런 것이다. "아기를 만드는 것은 좋아. 그래. 하지만 그게 어떻게 가능한지 말하기는 좀 그런걸."

뭐, 내가 직업상 이런 문제에 별로 객관적이지 않을지 모르겠다. 하여튼 나는 주인공에게 동질감이 느껴지는 작품들을 만나는 것은 물론이고 그 속에서 생리 문제가 더 자주 다루어지기를 바란다. 나는 작품들에서 내 경험과 비슷한 상황을 찾는 게 재미있다. 그런 점에서 내 자궁과 단둘이 보내는 모든 짧은 순간을 이 작품들에서도 만날 수 있기를 바란다. 금기가 강요되면서 그런 순간을 많은 사람들과 공유할 기회가 없기 때문이다. 또한 우리 모두는 대중문화가 탁월한 배출구가 되고, 늘 화면에 대고 "미친 거 아냐? 저런 건 나만 하는(생각하는/말하는) 줄 알았는데!"라고 소리치기 좋아한다는 것을 알기 때문이다.

나는 여주인공의 삶에서 가장 나쁜 순간, 더 나아가 섹스할 때와 같은 사생활 장면에서 때마침 생리를 하게 되는 순간을 보고 싶다. 욕실이나 등장인물의 핸드백 혹은 책가방에서 생리대가 나오는 장면도 보고 싶다. 일상적인 대화 도중 생리를 살짝 언급하거나, 생리통이 있음에도 하루 일과를 확실히 수행해야 하는(사무실에 있건 잠복근무를 하건 우주 궤도를 돌고 있건 간에) 여주인공을 보여줘도 좋겠다. 말하자면 생리가 정치적 행동이 되지 않는 한에서 허구의 작품에 더 많이 등장하기를 바란다는 말이다.

생리에 대해 작품 전반에 걸친 서사를 창조할 필요는 없다. 내 생각에 가장 훌륭하고도 혁명적인 방법은 작품 전체에서 그 문제를 다루는 것이 아니라, 우리가 이 세상에서 생리를 보고 싶은 방식으로 단순히 작품 곳곳에 대체적인 현실들을 흩뿌려놓는 것이다. 그러면 생리는 평범해지고, 더 이상 기분 나쁘거나 숨겨야 하거나 여성들을 짓밟는 주제가 아니게 된다.

더 많은 관심이 필요한 다른 문제들, 예를 들면 문화적·성적·신체적 다양성 같은 것에 대해서도 같은 태도를 취해야 한다. 생리처럼 일상에서 그것을 경험하는 사람들에게 고통을 안겨주는 모든 금기에 대해서도 마찬가지다(이 문제는 나중에 다시 다룰 것이다).

어쩌면 생리는 다른 문제라고 반박하는 사람들이 있을지 모르겠다. 생리는 민감한 문제이고, 어쨌든 사람들은 피에 대해 말할 때는 선량하고 온건한 행동주의자가 되기 때문이다. 그러나 잠시만 일관성을 유지하자. 낮이건 밤이건 언제든 텔레비전을 켜면 총상, 참수, 바닥으로 쏟아져 내린 장기들, 코·이마·팔꿈치에서 피를 흘리는 사람들, 전투, 전쟁, 학살, 살해, 자살, 유혈이 낭자한 난투극을 보게 된다. 피 한 방울에서 헤모글로빈 웅덩이까지, 상상할 수 있는 모든 정도의 끔찍한 장면들이 난무하는 것이다.

이 모든 것이 용인되는 마당에, 질에서 떨어지는 피 세 방울이 뭐가 그리 불쾌할까? 게다가 질을 꼭 볼 필요도 없다. 화면에서 벌거벗은 모습(게다가 벌거벗고 나오는 것은 90퍼센트가 여성이다)이 쏟아져 나오지 못하게 막지도 못하면서, 또 피가 낭자한 공포영화 앞에서는 좋다고 꺅꺅 비명을 지르면서, 생리혈 때문에 겁에 질린 사람을 연기하지 못하게 한다는 건 내가 볼 때 완전히 어불성설이다. 이것은 물론 생리에 열광하는 나 같은 사람에게서 나온 생각이지만 나는 누구보다 아주 어릴 적부터 공포영화의 광팬이기도 했기 때문에, 내가 얼마나 좌절 했을지는 상상에 맡기겠다.

이 와중에 몇 가지 예외가 있다는 건 정말 다행스러운 일이 다. 희망하건대 앞으로는 그런 예외들이 점점 더 많은 경쟁 상 대를 만날 것이다. 생리는 이미 영화와 텔레비전에서 다뤄진 적이 있다. 드물긴 하지만 분명히 존재한다. 이런 열악한 상황 에 대해 불평을 늘어놓았으므로, 특히 전체 줄거리 속에서 생 리를 주요한 관점으로 조명한 두 작품을 비롯해 생리를 과감 하게 투입한 작품들에 경의를 표하겠다.

⟨캐리, 악마의 무도회⟩(1976)

브라이언 드 팔마Brian de Palma의 ⟨캐리, 악마의 무도회Carrie au bal du diable⟩를 빼놓고 대중문화 속의 생리를 이야기하기는 어 려울 것이다. 스티븐 킹Stephen King의 소설 《캐리Carrie》를 각색한 이 영화에는 생리혈을 함축적으로 표현한 파격적인 장면이 등 장한다. 영화는 병적으로 믿음에 집착하는 엄마와 함께 살고 있는 한 여고생 이야기를 들려준다. 엄마는 자신이 '죄악'이라 고 생각하는 모든 것으로부터 딸을 떼어놓기 위해, 외부 세계의 모든 현실로부터 자기 딸을 보호할 생각만 한다. 그러나 캐리가 꿈꾸는 것은 소박하다. 평범한 여고생으로서 살아가는 것, 잘생긴 남자친구와 학교 댄스파티에 가는 것은 물론 파티의 여왕이 되는 것, 그리고 학교에서 인기 있는 여학생들의 표적이 될 만한 '괴상한 여자애'라는 꼬리표를 떼버리는 것이다.

캐리가 제 또래 청소년들의 현실을 구성하는 모든 것으로부터 얼마나 동떨어져 있는지 관객이 처음부터 잘 이해할 수 있도록, 영화는 고등학교 여학생 탈의실의 샤워실을 배경으로 한 평범한 장면에서 시작한다. 캐리의 친구들은 다들 자기들끼리 잡담을 나누거나, 평소 습관대로 생활한다. 한편 캐리는 자신의 삶에서 가장 강렬한 트라우마로 각인될 첫 사건을 겪을 참이다. 샤워를 하는 동안 허벅지 사이로 피가 흘러나온 것이다. 캐리는 공포에 떤다. 이 부분에서 우리는 아무도 생리에 대해 캐리에게 알려주지 않았음을 깨닫는다. 캐리는 대단히 심각한 일이 생긴 거라 확신하고, 자기가 죽을지도 모른다고 생각하며 친구들에게 도와달라고 소리친다.

배경이 고등학교이기 때문에, 친구들은 그녀에게 다가가 무슨 일이 일어나고 있는지 찬찬히 설명한 뒤 생리대를 건네주며 사용법을 알려주는 대신 하이에나처럼 낄낄거리며 웃기 시작한다. 캐리가 공포에 떨며 샤워기 아래에 웅크리고 있는 동

사회에서 만나는 생리

안 친구들은 캐리를 잔인하게 비웃으며 얼굴에 탐폰을 던진다. 한 성인 여성이 소리를 지르며 경고한 뒤에야 한 존재를 무참히 유린하는 이 상황이 끝난다.

이 노출 장면은 첫째, 캐리의 성격과 배경을 명확하고 효과적으로 알려줄 수 있다. 둘째, 마지막 장면에서 결국 폭발해버리는 분노의 동기를 이해할 수 있다(그녀는 피를 뒤집어쓴 채 최후를 맞게 되며, 그것은 우연이 아니다).

캐리는 생리의 금기가 얼마나 사악한지도 증명해준다. 아무것도 모르는 겁에 질린 소녀에게 그런 상황을 이용해 수치심을 주고, 소녀의 여린 마음에 '그래, 생리는 부끄러운 거야'라는 생각을 각인시키고, 같은 여성을 포함해 남들 앞에 생리혈을 드러내는 것보다 나쁜 일은 없다는 생각을 심어주는 것은, 바로 생리를 하는 여성들 본인이다. 물론 사람들은 이것이 허구라 말하고, 이런 상황이 이 정도까지 우리 현실로 파고들었는지는 나도 확신할 수 없다(그러지 않았기를 절실히 바란다). 이보다 확실히 덜한 수준이긴 하겠지만, 비슷한 상황은 여자화장실에서나 학교 수업시간에 종종 일어난다.

〈진저 스냅스〉(2000)

일찍부터 공포영화에 입문한 광팬으로서, 나는 존 포세트 John Fawcett의 〈진저 스냅스Ginger Snaps〉를 강력하게 추천한다. 그 이유는 다음과 같다. 첫째, 안타깝게도 잘 알려져 있지 않다. 둘째, 예외적이라 할 만큼 전위적으로 사춘기 소녀들의 문제를 다루고 있다. 셋째, 내가 늘 생각해온 바를 입증하고 있다.

늑대인간 이야기는 그 본질이 여성적이므로, 모든 문학·영화·드라마의 사례를 통틀어 늑대인간이 남자들의 몫이 된 건 부당한 일이다. 이 상황을 짤막하게 짚고 넘어가도록 하자. 달의 영향을 받아 28일마다 모습과 행동이 딴판으로 변하고, 피를 흘리고 다니며, 남성들을 위협하는 존재. 이보다 더 여성적인 것이 있을까? 물론 이것은 생리를 다소 야만스럽게 보는 관점이고, 현실은 이보다 복잡하다. 어쨌든 우리는 스스로 기분을 조절할 수 있는 능력이 있으니까. 그럼에도 이 이야기를 기괴하고 영웅담 같은 이야기로 만들고 싶다면 리칸트로피(늑대망상병, 인간이 늑대나 다른 야수로 변할 수 있다고 생각하는 것-옮긴이)는 가장 훌륭한 은유가 될 것이다.

그러니까 늑대인간 영화라 할 수 있는 〈진저 스냅스〉에는 진저와 브리짓이라는 자매가 나오는데, 둘은 사이가 아주 좋고 둘 다 죽음에 집착을 보인다. 캐나다 교외의 작은 마을에 틀어박혀 살아가는 자매는 현실로부터 벗어나기 위해 노력한다. 그리고 자매는 어떤 야생동물이 주변에 있는 동물들의 사지를 절단하고 다닌다는 사실을 알게 되는데, 자매는 이를 알고도 두려워하기보다 오히려 흥분한다.

그러던 어느 날 저녁, 자매는 외출을 하던 길에 진저의 허벅지 사이로 피가 흘러내리는 것을 알아차린다. 진저가 가장 두려워했던 일, 바로 생리가 시작된 것이다. 심지어 피 냄새가 주변을 배회하던 그 짐승을 자극한 때문인지, 진저는 잔인하게 공격당한다. 다행히 브리짓이 짐승의 공격으로부터 진저를 구해내고 자매는 짐승한테서 도망치지만, 짐승은 차에 치인다. 이렇게 당분간 위험은 사라진 것 같았다.

그러나 그것은 예사로운 짐승이 아니었다. 이후 진저는 신체적으로나 행동 면에서 변화된 모습을 보이기 시작한다. 진저의 생리 주기 때문일까, 아니면 짐승에게 공격당한 일 때문일까? 상황이 명확해질 때까지 자매는 그것이 사춘기의 저주일 뿐이라고 생각한다. 그리고 영화가 진행되는 내내 이러한 은유는 찬란하게 사용된다.

소녀들의 사춘기는 매력과 동시에 두려움을 불러일으키며 그 뒤에는 신비로움이 깃들어 있다. 사람들은 사춘기를 소녀들의 기분과 행동을 비하하는 데 이용한다. 마치 소녀가 사춘기를 거쳐 성인 여성이 된다는 건 자신의 성격을 전혀 통제할 수 없고 호르몬에 조종당하는 가련한 꼭두각시 신세가 된다는 뜻인 것처럼 말이다. 어떤 사람들은 사춘기가 비밀스럽고 무시무시한 힘에 접근하고, 가능성으로 가득한 세계로 진입하며, 점점 억누르기 힘들어지는 기질을 더 단단하게 벼리는 시련을 통과한 것으로 보기도 한다. 〈진저 스냅스〉는 이 두 개의 개념을 한껏 활용하고 있으며, 피로 물든 소녀 감성의 모험담을 들려준다. 생리를 다루고 있는 최고의 영화 중 하나에 등장하는 가장 멋진 대사를 예로 들어보자.

브리짓: 그게 단순한 통증이 아닌 건 확실해?

진저: 네 말에 따르자면, '단순한'과 '통증'은 함께 쓸 수 없는
말이야.

진저, 다른 사람들에게도 좀 말해줘.

〈캐리, 악마의 무도회〉와 〈진저 스냅스〉에는 한 가지 공통
점이 있다. 시나리오에서 초경이 능동적으로 한 부분을 차지
하고, 테스트라도 하듯 온갖 장르(부수적으로 살인까지)가 곳
곳에 숨어 있으며, 몹시 어두운 줄거리에서 초경이 출발점의
역할을 한다는 것이다. 그러나 훨씬 단편적으로 생리를 다룬
영화들도 있다. 많은 영화가 실질적으로 생리를 오래 다루었다
면 이 문제가 진작 알려지고 생리를 표현하는 방식도 더 앞서
나갔을 것이다. 그러나 이것은 여기서 자세히 논의해야 할 문
제는 아니다.

생리가 조연으로 등장하는 영화들

생리가 드라마 줄거리의 결정적 요인이 아니거나, 행동을 급
격히 변화시키는 원인이 아닌 영화들은 몇 편 있다. 예를 들어
플로리아 시지스몬디Floria Sigismondi의 〈런어웨이즈The Runaways〉
는 영화 초반부터 '체리 커리' 역을 맡은 다코타 패닝Dakota
Fanning이 길 한복판에서 생리가 터지는 장면을 보여준다. 이것

이 줄거리로 활용되지는 않고, 이 사건 때문에 트라우마나 이례적인 일이 생기지도 않는다. 영화는 신화적인 록그룹 가수를 꿈꾸는 미국의 사춘기 소녀에 대해 이야기하며, 생리는 그녀의 삶에서 한 순간을 차지할 뿐이다.

하이틴 영화의 고전이라 할 〈클루리스Clueless〉는 생리를 콤플렉스 없이 다룬다. 여주인공 셰어 호로비츠 역을 맡은 알리샤 실버스톤Alicia Silverstone은 어떤 선생님에게 지각한 이유를 이렇게 설명한다. "안타깝게도 생리가 터져서 화장실에 다녀와야 했어요(셰어가 이 말을 할 때 쓴 영어 표현은 '핏빛 파도에서 서핑을 하다surfing the crimson wave'이다. 선생님에게 이런 말을 한다는 건, 셰어가 생리에 대해 아무 거리낌도 없다는 것을 증명한다)."

〈캐리〉와 〈클루리스〉 사이에는 1992년 개봉작 〈마이걸My Girl〉이라는 고전 영화가 있는데, 이 영화는 내 또래 많은 아이들을 눈물바다로 만들었다. 〈마이걸〉은 '베이다'라는 여자아이가 절친한 친구 토머스와 함께 아이에서 청소년으로 성장하는 여름의 이야기를 그리고 있다. 이 여름 동안 베이다는 첫 생리를 하고 그로 인해 불공평한 고통을 겪는 등 많은 변화와 새로운 사건이 전개된다. 그리고 토머스가 같이 놀자고 찾아와 문을 두드렸을 때, 베이다는 '5~7일 후에' 다시 오라고 소리치며 거칠게 그를 밀어낸다. 이 장면은 비슷한 경험을 공유한 관객들에게 울림을 주는 고전적인 장면이지만, 초경에 흔히 뒤따르는 담론 중에서도 가장 나쁜 것들을 상징하기에 우울하다는 점은 변함이 없다.

모든 게 예전과 다르고, 자유와 마지막 남은 순진함마저 잃었으며, 더는 예전처럼 놀 수 없고, 그때와 같은 가벼운 마음으로 사물을 바라볼 수 없다. 그것은 어린 시절, 무사태평함, 인생의 황금기를 상징하는 모든 것의 종말을 알리는 무거운 짐인 것이다. 게다가 이런 일은 소녀들한테만 생긴다.

영화가 1992년에 만들어졌고, 1972년을 배경으로 한다는 점도 이런 해석에 큰 영향을 미칠 것이다. 그러나 그 장면에서 생리를 만난 나 같은 아이들에게는, 그것이 한 아이의 인생에 존재할 수 있는 모든 좋은 것에 대해 두려움과 걱정을 부각시킬 뿐이다. 따라서 많은 아이들이 초경을 절대적 비극으로 생각하고, 미래의 어느 날 비로소 진지한 '어른'이 되어야 한다는 권유로 받아들인다 해도 별로 놀랍지 않다.

내가 매일 생리에 대해 이야기하고 거기에 내 작가 인생을 걸기로 한 이후, 생리를 가지고 농담을 하거나 생리를 과소평가하는 경우가 얼마나 많은지 알게 됐다. 생리를 지칭하는 것이나 그에 관한 농담도 수백만 가지나 되며(244쪽을 참고하라), 그 방면에서 몇 안 되는 인간들이 어떻게 주도권을 쥐게

사회에서 만나는 생리

되었는지 알게 되면서 정말 놀랐다(반면 방귀나 똥에 대한 농담 없는 대중문화는 상상할 수도 없다).

나는 영화에서 생리를 유머러스하게 다룬 사례를 존 휴즈 John Hughes 감독의 〈아직은 사랑을 몰라요 Sixteen Candles〉에서 처음 보았다. 그러나 고백하자면 당시 나는 그 장면을 하나도 이해하지 못했다. 여주인공 샘의 큰언니는 하필 결혼식 당일에 고통스러운 생리를 시작한다. 타이밍이 나빠도 너무 나빴다. 예비 신부는 예식장에서 허리가 끊어지는 생리통의 습격을 막기 위해 근육이완제를 먹기로 하지만, 한 알로는 듣지 않을까 봐 너무 많이 먹은 게 화근이었다. 결국 한 발짝도 내딛지 못할 정도로 극심한 고통에 시달린다. 몇 사람의 도움을 받고서야 교회 바닥에 쓰러지지 않고 식장으로 들어가는 데 성공했고, 다행히 결혼식은 잘 마무리되었다. 샘의 언니는 결혼식 상황을 겨우 기억할 정도였지만 그래도 참석은 할 수 있었다.

생리를 언급하는 일은 아주 쉽다. 피를 한 통이나 보여줄 일도 없으며, 머리를 굴릴 필요도 없는 문제다. 생리에 관한 이야기라는 점만 제외하면, 이것은 우리가 수없이 보는 것처럼 개그의 소재가 되는 하나의 에피소드에 불과하다. 중고등학생들이 하는 농담이나 모욕적인 말만 아니라면, 그저 줄거리 속에서 코믹한 상황을 만드는 것으로도 충분하다(이 영화에 인종

차별적인 유머가 있다는 점이 다소 우려되긴 하지만, 그건 이 책에서 하고자 하는 이야기가 아니다).

반대로 다소 남성적인 코미디 영화에서는 분위기가 급반전된다. 그렉 모톨라Greg Mottola 감독의 〈슈퍼배드Superbad〉에서 조나 힐Jonah Hill이 연기한 인물은 술에 취해 알근해진 소녀와 몸을 밀착하고 춤을 추는데, 그는 소녀가 관능적으로 몸을 비벼대는 것을 보며 흥분한다. 춤이 끝나자 소녀는 자리를 뜨고, 저녁 내내 거리를 쏘다니던 그에게 한 남자가 바지에 피가 묻었다고 일러준다. 잠시 동안 그게 뭘까 생각하던 그는 얼룩의 정체를 깨닫고(아까 그에게 몸을 비비던 소녀가 묻힌 것이었다) 혐오감이 차올라 토할 것처럼 트림을 해댄다.

이 장면이 잠시 이어지고, 그의 분노와 혐오감은 점점 더 커진다. 게다가 남자들이 그의 주변에 모여들어 마치 최악의 사건이라도 벌어졌다는 듯이 사진을 찍어대며 소리친다. "하하! 바지에 생리혈이 묻었어!" 여자들도 그곳으로 모여들어, 달아나려는 그에게 탐폰을 던지기까지 한다.

원하지 않았는데 다른 사람의 체액이 몸에 묻는 것은 당연히 불쾌한 일이다. 그러나 나는 이 영화를 스무 살 때 봤고, 그로 인해 트라우마가 남았다. 피를 묻힌 소녀가 꼭 나인 것만 같아서 지독하게 기분이 나쁘고 수치스러웠다. 이 소란에 남자들이 어떻게 반응하는지를 알았고, 저녁 파티에서 내게 생길 수 있는 최악의 일이라는 생각이 들었다. 그들의 혐오감이 피부로 다가왔고, 현실의 삶에서 매일 듣는 이야기와 너무 비슷해서 이 황당한 상황을 웃어넘길 수 없을 정도였다. 내 주변에 있는 남성들에게 깊은 혐오감을 불러일으킬지 모를 이 끔찍한 신체 기능을 나도 갖고 있다는 생각, 그리고 운이 없으면 나도 남들 보는 데서 피가 새어나와 주변 사람들의 비웃음을 살 수도 있다는 생각밖에 안 들었다.

열다섯 살 어느 저녁의 파티 생각이 난다. 그렇게 싫지는 않았던 한 남자애와 옷 속으로 몸을 만지작거리고 있었는데, 잠깐 화장실에 갔다가 갑자기 생리가 시작됐다는 사실을 알았다. 나는 생리대가 없었고, 나 말고 파티에 참석한 유일한 여자애도 생리대가 없었다. 화장지를 둘둘 말아 속옷 아래에 대는 방법을 써보기로 했지만 이미 너무 늦은 상황이었다. 청바지에 약간 묻고 만 것이다. 내 몸은 얼어붙었고, 그날 이후 나는 남자친구의 손이 배꼽 아래로 내려와 애무하는 것을 거부하게 됐다. 바지를 입고 있어도 마찬가지였다. 남자친구의 손에 피가 덕지덕지 묻을까 봐 겁이 났기 때문이다.

나는 남자친구에게 이유를 설명할 수 없었고, 너무 창피했으며, 그는 불만 가득한 표정으로 나를 바람잡이 취급했다. 나는 탈의실에 굴러다니는 더러운 스포츠양말 신세가 된 것 같았다(이 글을 읽는 청소년들에게: 상대방의 은밀한 곳을 만지려 할 때 상대방이 거부한다고 해서 그 사람에게 저렇게 행동하지 마라. 몇 분 전에는 그가 화끈하게 굴었다 해도 그의 몸은 당신 것이 아니며, 그가 만지지 말라고 하면 그 이유를 설명하든 말든 그의 입장을 고려해야 한다. 그의 의사는 존중받아야 한다).

사회에서 만나는 생리

완곡한 표현과 은유

각 문화에는 과학적인 명칭을 사용하지 않고 생리를 언급하는 고유의 표현들이 있다. 아래 소개하는 목록은 전 세계에서 생리를 지칭하는 가장 아름다운 표현들을 모아놓은 것이다(출처: mum.org).

1. 프랑스
- 영국인들이 도착했어(영국 사람을 뜻하는 프랑스어 Anglais에는 생리라는 뜻이 있다-옮긴이).
- 코피가 나는 광대가 있어.
- 딸기 철이야.

2. 핀란드
- 일본 국기가 올라갔어.
- 케첩 주간이야.

3. 미국
- 피바다에서 헤엄쳐야 해.
- 공산당이 쳐들어왔어.

4. 독일
- 딸기 주간이야.
- 일본 주간이야.

5. 덴마크
- 공산당 축제날이야.

6. 영국
- 아스널 홈경기야(영국 프로축구 팀 아스널의 상징은 빨간색이다-옮긴이).

7. 이란
- 인도인들이 찾아왔어.

8. 네덜란드
- 토마토수프가 푹 끓었어.

9. 스페인
- 녹인 스테이크를 먹었어.

예술 작품으로 표현되는 생리

예술계 밖에 있는 우리는 흔히 현대예술을 조롱하고, 사회에서 악취를 풍기거나 사람들을 불편하게 하는 무언가를 고발하려는 새로운 흐름이 나타날 때마다 이를 낮잡아보는 경향이 있다('우리'라고 말한 것은 나도 충분히 이런 부류에 속하고, 전시회에서 외투걸이 위에 놓인 깡통을 보면 가장 먼저 낄낄거릴 사람이 바로 나이기 때문이다). 그래도 예술의 역사에 조금이라도 관심이 있는 사람이라면, 십 년 뒤 우리가 스스로에 대해 언짢게 여길 것들, 특히 생리를 금기시하는 문화에 가장 먼저 반기를 들 사람들은 바로 예술가임을 인정할 터이다.

미디어와 우리 평범한 사람들은 이제 생리에 대해 점점 더 많이 말하고 표현하고 분개하며, 생리를 비밀스럽고 혐오스럽게 취급하는 행동을 어리석다고 생각하기 시작했다. 그러나 예술가들은 그런 사실을 이미 오래전에 깨달았다. 생리는 1970년대부터 이들에게 많은 영감을 제공했다. 그런데 인상을 찌푸리게 하는 작품을 만들어내는 이 예술가들은 정녕 다른 행성에서 온 걸까? 이들은 누군가 사용한 적 있는 더러운 생리대를 전시회에서 보는 데 정말 흥미를 느낀단 말인가?

분명히 이 논의는 여기서 끝나지 않는다. 좀 더 파고들면 인류의 역사에서 그런 작품들이 얼마나 중요한 역할을 했는지를 이해하게 될 것이다. 이 작품들에서 미적인 만족감을 느꼈는지 아닌지는 별로 중요하지 않으며, 당신 침대 머리맡에 그 작품을 걸어놓으라고 요구하지도 않을 것이다. 중요한 사실은 그런 작품들이 존재한다는 사실, 그리고 존재하는 이유다. 이런 작품이 있다는 것은 예술가들이 사회의 다른 부분에서 얼마나 멀리 전진했느냐를 증명해준다.

생리를 다룬 작품들을 처음 봤을 때가 생생히 기억난다. 초상화, 만다라 그리고 생리혈을 표현한 온갖 스케치들이었다. 그때 나는 생리에 처음 눈을 떴고, 아직 모든 게 내 정신 속에서 완전히 여문 상태는 아니었으나 이것만은 확신할 수 있었다. 이 금기는 중단되어야 하고 사라져야 하며, 이번을 마지막으로 불살라버려야 하고, 이 행성 거주자들의 일상 속에 다시는 얼씬도 말아야 한다는 것. 나머지에 대해서는 아직도 뭐가 뭔지 잘 모르는 상태였지만, 내가 앞으로 공부할 것의 큰 그림은 이미 나온 셈이었다.

그럼에도 나는 이 작품들 앞에 서면 몹시 불편했다. 당장 그 이유를 설명할 수는 없었지만, 이런 생각을 했던 것 같다. "허어, 여기서 더 강력하게 밀고 나가면 안 될 텐데. 한계가 있어…." 작품을 창조하고, 모두가 생리를 볼 수 있게끔 어둡고

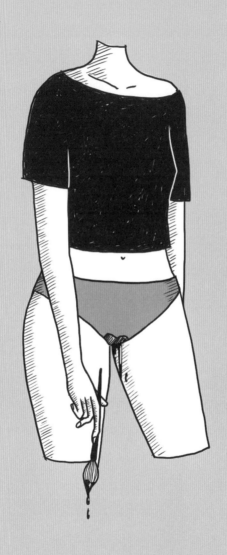

음울한 동굴 밖으로 생리를 끌어낼 필요성을 표현하는 데 왜 꼭 피를 사용해야 하는지가 이해되지 않았다.

그러나 이제는 더 잘 이해할 수 있다. 무엇보다 예술은 관습과 반대 방향으로 나아가며, 사람들이 일상에서 당당하게 무시해버리는 것을 눈여겨보게끔 만드는 혁명적인 행동이다. 예술은 이런 식으로 말한다. "아, 그래? 그러니까 넌 그게 혐오스럽다고? 설마 그럴 리가. 당장 그것을 쥐어보고, 잡아보고, 먹어보고, 똑똑히 봐!"

또한 이런 예술의 방식을 통해 생리는 다르게 존재할 수 있다. 예술은 생리를 감추길 거부하기 때문에 빠르고 거칠게 움직인다. 그럼으로써 과학의 통속화와 억지 교육으로 전락하지 않고, 이 탈신비화 과정에 보다 강력하고 보다 풍부한 차원을 제공할 수 있는 것이다. 우리는 예술을 통해 신비로움을 유지한다. 예술은 하나의 작품이며, 작품 기획의 핵심이 긍정적으로 드러나는 방식으로 연출되기 때문이다. 그러나 우리는 현실을 내세우기도 한다. 환상으로 덧칠된 이 피의 현실은 사실 그냥 피일 뿐이다. 그런데 이 피는 실로 굉장한 능력이 있다. 피는 수확한 작물을 썩게 하고 거울을 탁하게 만들 수 있으나, 메두사의 시선처럼 그것을 감히 똑바로 쳐다보는 자들을 돌로 만들 수도 있다.

피는 혐오감을 주고 트라우마를 남기고 겁을 주며, 음모를 꾸미고 도망치게 만든다. 갑작스레 눈이 멀고 귀가 머는 광경을 보고 싶다면, 마법 주문을 외듯 "생리혈"이라고 말하기만 하면 된다. 단지 그 말만 해도 그 자리에 있는 사람들이 모조리 사라질 수도 있다. 그 말을 듣지 않으려고 귀를 틀어막고 "아니, 아니, 아니야. 난 알고 싶지 않아!"라고 소리치며 꼬리를 내리고 줄행랑을 쳐버리기 때문이다. 예술가들에게는 당연히 생리의 위대한 비밀을 탐험할 동기가 있다. 물론 그들이 도발을 사랑해서이기도 하겠지만, 이 피가 사람들 눈에 보이고, 표현되고, 해석되는 방식을 통제할 수 있는 권한을 되찾기 위해서이기도 하다.

생리 예술을 언급할 때 '멘스트랄라Menstrala'라는 용어가 자주 등장한다. 멘스트랄라는 2000년에 예술가 바네사 티그Vanessa Tiegs가 자신의 생리혈로 그려낸 88점의 회화 컬렉션을 지칭하기 위해 고안해낸 말이다. 이후 동일한 매개물을 사용한 많은 예술가들이 자신의 작품을 '멘스트랄라'로 분류했다. 예술가들에게 이 신조어를 갖다 쓰도록 장려한 것도 티그 자신이다. 그들이 이 용어를 생리하는 사람들의 주기만큼이나 보편적으로 만들게 유도한다는 의미에서였다. 그러나 티그가 생리 예술에 과감히 뛰어든 최초의 인물은 분명 아니다.

이런 움직임은 1970년대 초에 시작됐고, 어떤 작품들은 후대의 모든 예술가들에게 발판이 되어주었다. 여러분은 이런 작품들에 별로 주목하진 않았겠지만 그래도 본 적은 있을 것이다(사실 이 작품들을 그냥 지나친다는 것이 쉽지는 않다).

특히 1971년에 주디 시카고Judy Chicago가 제작한 〈빨간 깃발 Red Flag〉이라는 작품을 언급할 수 있겠다. 이 작품은 피를 흠뻑 머금은 탐폰을 빼내는 여성의 모습을 클로즈업한 사진석판이다. 1972년에 시카고는 〈월경 욕실Mestruation Bathroom〉이라는 제목의 사진 한 장을 다시 한 번 선보였다. 사진 속에는 피 묻은 생리대가 가득 찬 쓰레기통과 여성용 위생용품들로 꽉 찬 선반이 있는 욕실 풍경이 펼쳐져 있다. 시카고가 페미니즘에서 제2의 물결(1960년대 말에서 1980년대 말까지)에 속하는 페미니즘 예술의 선구자이긴 하지만, 생리를 작품의 출발점으로 삼은 유일한 인물은 아니다.

〈빨간 깃발〉이 나온 바로 그 해에 예술가 레슬리 라보위츠-스타루스Leslie Labowitz-Starus는 〈월경을 기다리며Menstruation Wait〉라는 퍼포먼스를 하려고 로스앤젤레스 오티스 예술학교에 자리를 잡았다. 레슬리는 벽에 기대 앉아 자신이 어떻게 느끼고 있는지를 지나가는 사람들에게 이야기하면서 생리가 시작되기를 기다렸다. 그녀에게는 이것이 생리가 시작되기 전, 한 여성의 몸에서 일어나는 모든 일을 사람들이 친숙하게 느끼도록 하는 방식이었다.

1972년에 캐롤리 슈니먼Carolee Schneemann은 자신의 생리 주기에 제작된 〈블러드 워크 다이어리Blood Work Diary〉에서 이런 콘셉트를 한 단계 발전시켜 나간다. 캐롤리는 휴지에 자신의 피를 조금씩 묻혀 생리의 변화를 매일매일 기록했다(피를 굳히는 데는 달걀노른자를 사용했다). 이 작품은 전 남자친구와 성관계를 하던 도중 생리혈이 몇 방울 나온 것을 알아차리고 남자친구가 언짢아했던 경험에서 영감을 얻었다.

그녀는 자신의 접근법을 베트남전쟁에 비교해 설명했다. 베트남전쟁으로 인해 수많은 남성들은 낯선 이의 몸을 훼손한다는 생각을 즐기게 되었으나, 이 때문에 전쟁에서 본 것과 똑같은 피가 질에서 흘러나올 때 기절할 정도로 두려워하게 되었다는 것이다. 오늘날 우리가 하고 있는 다른 행동들에 대해서도 똑같은 비교를 할 수 있다.

생리 예술에서 대부분의 과정은 이런 표현으로 요약할 수 있겠다. 즉 대중을 자신이 가진 공포와 금기에 맞서게 하는 것이다. 여기서 대중이란 분명 남성이 대다수일 것이다. 다른 신체적 물질들이 혐오감을 불러일으킬 수 있다면 생리혈은 저항, 모욕, 분개의 감정을 불러일으킬 가능성이 있다. 따라서 생리 예술의 대가들은 이러한 모욕의 감정을 이용해, 생리의 존재를 무시하려 안간힘을 쓰는 사람들이 생리를 직시하게 만든다.

생리 예술가들은 페르세우스처럼 행동함으로써 고르곤(그리스신화에 나오는 무시무시하게 생긴 세 자매 괴물. 그중 하나가 메두사다. 이 괴물의 머리카락은 뱀이며, 이것의 눈을 본 사람들은 돌로 변했다-옮긴이)의 은유를 재현한다. 아틀라스(대중)에게 메두사의 잘린 머리를 내보이고, 눈을 쳐다보게 하는 것이다. 이들은 대중을 돌로 만들어버리는 생리 예술에 맞서, 대

중이 면역력을 길러 더 이상 돌로 변하지 않고 예술 속의 메시지와 힘을 포착할 수 있기를 바란다.

티그가 멘스트랄라 운동을 벌이는 이유는 단지 (적어도 생리를 하는 사람들에게) 생리혈은 보이지 않는 존재가 아니며, '폭력적이지 않은(상처, 사고, 질병 혹은 피를 흘리는 사람의 생명을 위협하는 무언가로부터 나오는 게 아니라는 의미에서)' 유일한 피라는 것을 깨우쳐주려는 데 있다. 생리 예술 운동은 수천 년 동안 숨기려 해왔던 자연의 특정 기능을 눈으로 볼 수 있게 만드는 움직임이다. 따라서 이것은 완전히 논리적이며, 독창적일 게 하나도 없는 과정이다. 몇 세기 동안 억압되어 온 모든 사람과 그 억압의 원인에 발언권을 주는 수단이기 때문이다. 혁명적 매체로서의 예술이 꼭 생리 예술과 함께 태어난 건 아니지만, 생리 예술은 예술의 혁명이라 할 만하다.

따라서 예술의 목적은 무시되고, 멸시되고, 때로는 증오의 대상이 되는 여성의 이 신체 기능뿐 아니라, 여성들 자신 그리고 오랫동안 여성의 건강을 다루어온 방식 앞에 대중을 세우는 데 있다. 생리에 관한 모든 것이 뒷전으로 밀려나고, 모든 것이 부차적이고 '정상'이다. 여성이 생리를 하는 동안 고통스러운 것은 '정상'이다. 특히 여성이 그 고통을 표현하지 않는 것이 '정상'이다. 남성을 놀래지 않기 위해 우리의 생리를 숨기고, 비밀스럽고 사소한 것으로 만들고, 피 흘리는 모습이 눈에 띄지 않게 해주는 기술들이 여성 대대로 전수되는 것은 '정상'이다. 우리 몸이 무엇을 생산할 수 있는지 모두가 알아야 할 필요는 없으며, 무엇보다 여성의 열등함과 나약함을 나타내는 이런 증거에 모두를 전염시켜서도 안 된다.

이 상황에 예술가들이 그들 자신의 것으로 보이는 피를 여기저기 흘림으로써 사람들이 더는 그들의 피를 무시하지 못하게 하는 반응을 보인 것도 당연했다. 이런 방식으로 여성에게 그들의 힘을 돌려주고, 그들의 마땅한 자리를 되찾아주는 것이다. 또한 피를 흘렸다고 해서 부상을 입었거나 나약하다고 보지 않고, 대신 여성들에게 생산 능력이 있고 결코 누그러들지 않을 모든 불쾌감을 견뎌낼 힘이 있다고 보았다.

더 작은 규모로 본다면 생리 예술은 생리의 생리학적 현실을 대중에게 교육한다. 그래서 모든 사람이 자신의 몸에서 어떤 일이 일어나는지, 우리가 살고 있는 장소와 우리가 겪을 수 있는 다양한 물리적 조건들에 따라 생리가 어떻게 바뀔 수 있는지, 우리가 생리에 대해 갖고 있는 이미지가 자신에게 거꾸로 어떤 영향을 미치는지를 이해하기 위해서이다.

어떤 사람이 일상에서 자신의 생리를 이야기하고 나아가 그것을 자신의 예술로 보여주도록 하려면, 자신의 마음이 변하는 대로 따라가면서 점차 다양한 이유를 하나하나 제시하는 방법이 좋다. 예술가란 저마다 자신만의 동기와 이야기, 전달하고자 하는 메시지가 있는 법이다. 이런 모든 작품들을 연구하다 보면 생리에 대한 금기가 여성들에게 미치는 영향과 그것이 어떤 상처들을 만들어내는지에 대한 아주 명확한 목록을 만들 수 있다. 또한 그러한 금기가 자신의 몸과 사생활의 관계를 어떻게 복잡하게 만드는지도 알 수 있다. 그리고 거부(원인이 무엇이건)의 고비를 넘기기만 하면, 반드시 더 많은 지식을 표출하고 그런 표현을 키워나갈 수 있을 것이다.

또한 이 작품들을 보고, 찾고, 그 이면에 있는 것과 예술가들 자신이 말하는 바를 읽어내는 과정이 반드시 있어야 한다. 분명 모두에게 그럴 마음이나 시간이 있는 건 아니겠지만, 혹시 당신이 이에 해당된다면 나는 그렇게 하기를 권하고 싶다. 경제나 정치 분야 언론 기사에 관심이 없더라도, (당신이 지금 읽고 있는 이 훌륭한 책 외에도) 생리 및 금기의 분화에 관한 논문이나 에세이를 읽기가 귀찮다 할지라도, 현대예술의 관점은 여전히 훌륭한 실마리를 제공한다.

현대예술은 크게 작품들이 창조될 때의 사회학적 분위기를 반영한 개인의 경험을 통해 요약되고, 거기에는 매우 명확한 설명이 뒤따른다. 어떤 작품들은 분명 신비주의적인 부분도 있고, 모든 작품이 항상 접근하기 쉬운 것은 아니다. 그러나 이 연구를 진행하면서 나는 예술가들이 자신이 겪는 과정을 묘사하는 방식이라든가 비평가들이 그들에 대해 말하는 방식이, 이 책을 통해 내가 탐구하고자 했던 모든 것을 아주 명확하게 드러낸다고 생각했다.

본능적으로 우리는 현대예술이 특정 사회계급에만 속하고, 보통 사람들이 늘 접할 수는 없으며, 약간 엘리트적인 운동이라고 보는 경향이 있다. 바로 내가 그랬다. 생리가 금기시되는 문제에 관심을 기울이고 거기에 빠져들기 전까지는. 예술의 다른 흐름에 대해서는 쉽게 말하기 어렵지만, 적어도 내가 익숙해지고 이해하기 쉬운 생리 예술의 흐름을 찾았다고는 말할 수 있다.

'이해한다'는 것과 '평가한다'는 것을 혼동하면 안 된다. 이 작품들을 미적으로 불쾌하다고 판단하는 것은 자유이지만 말이다. 이 작품들의 목적은 그저 보기 좋으려는 것이 아니라, 중요한 사회 문제를 설명하는 데 필요한 매체가 되려는 것이다. 그렇기 때문에 각 작품에 덧붙여진 예술가의 말을 읽는 것이 중요하다. 예술가의 말만 있다고 해서 다 되는 것은 아니지만, 일단 맥락이 드러나면 그 의미는 곧 더 명확해질 것이다.

논쟁을 일으키거나 검열을 당하면 상황은 더 간단해진다.

특히 예술가 루피 카우르Rupi kaur의 경우가 그랬다. 2015년 카우르는 인스타그램에 여러 장의 사진을 올렸는데, 그중 하나가 유해하다는 이유로 삭제되었다. 원래 루피의 블로그에 있던 〈생리.period.〉라는 제목의 사진에는 잠옷바지와 침대보에 생리혈이 묻은 채 그가 등을 보이고 누워 있는 모습이 찍혀 있다. 이 두 개의 붉은 얼룩은 검열의 단두대를 작동시키기에 충분했다. 인스타그램의 이런 행동을 사람들이 그냥 지나칠 리 없었고, 다수의 네티즌과 온라인 미디어로부터 비난 여론이 들끓었다(이 사진은 이후 다시 게재됐고, 인스타그램 측은 사과했다).

수십여 편의 기사들이 카우르의 경험을 앞다투어 보도했고, 중요한 질문들을 제기하는 시발점으로 삼았다. 즉 이 사진은 검열하면서, 왜 코피 흘리는 사람의 사진은 검열하지 않을까? 지금이 2015년이 맞는가? 세상에 생리를 표현하는 것과 생리하는 사람들이 생리를 경험하는 방식을 검열한다는 것은 무슨 의미일까? 카우르는 어떤 메시지를 전달하려고 했을까, 그리고 왜 그것이 그렇게 중요할까? 루피 카우르의 〈생리.〉 사진은 이후 곳곳으로 퍼져나갔고, 그 사진을 보지 않고 생리 예술을 연구하기란 어려울 것이다(더군다나 이 사진들은 매우 근사하며, 강력히 추천하는 바다).

내 블로그 '생리의 열정'의 인스타그램 계정을 만들었을 때

나는 이제까지 존재하는지 전혀 몰랐던 세계를 발견했다. 이 세계는 온전히 생리와 생리의 표현에만 바쳐진 세계였다. 예술가들의 계정, 위생용품 브랜드, 생리와 관련된 단체들 등 모든 것을 찾을 수 있었다. SNS의 다른 사용자들이 올린, 일상생활에서 찍은 생리 사진들(속옷, 휴지통, 세면대, 샤워실)만을 게시하기 위한 계정도 있었다. 이 계정들은 흔히 검열을 피하기 위해 비공개로 설정되어 있었고, 대상 집단도 매우 한정되어 있었다. 이런 게시물을 감상하려면 생판 모르는 사람의 생리혈을 보는 데 전혀 불편함이 없어야 하며, 여기에는 (수천 년간 숨기려고 해왔던 어떤 액체를 눈에 보이게 만드는) 모든 과정이 다 들어 있다.

좀 더 조사해보면 모든 사람이 즐길 수 있는 세계도 있다는 걸 알 수 있다. 오늘날 행해지는 생리 예술은 복합적이고 다양하며, 나처럼 일생을 바쳐 생리에 대해 말하고 관심을 두는 사람들만을 대상으로 하는 것도 아니다. 예술 감각이 있건 없건 운동가이건 아니건, 누구나 거기서 흥미로운 무언가를 찾을 수 있다. 생리를 더 잘 이해하고 평범하게 만들고, 일상에서 생리의 존재에 조금씩 익숙해지기 위해, 우리는 생리 예술에서 어설프게나마 뭔가를 배울 수 있다. 언젠가는 그것이 전혀 불편하지 않고, 심지어 그것으로부터 제법 흥미로운 두세 가지

요령을 터득할 수 있다는 사실을 깨닫게 될 때까지 말이다.

그러나 억지로 생리에 마음을 열거나 배우려고 해서는 안 된다. 이건 그저 조사해야 할 여러 가지 측면 중에 하나일 뿐이다. 그리고 처음에는 약간 혼란스러울 수 있다.

한 단계 더 나아가고 싶다면

생리 예술이 궁금하다거나, 예술가들이 작품을 만들 때 그들의 피나 생리라는 개념을 사용함으로써 표현하고자 하는 바가 무엇인지 알고 싶다면, 여기 꼭 찾아봐야 할 작품들의 목록이 있다. 현대예술의 한 분파인 생리 예술을 더 깊이 알고 이해하고 싶다면, 자주 쓰는 검색엔진에서 예술가의 이름이나 작품 제목을 검색하기만 하면 된다. 그러면 이 작품들의 복사본들, 작품 및 그 제작과정을 설명하는 온갖 기사와 인터뷰를 쉽게 찾을 수 있을 것이다.

공개된 장소나 도서관에서는, 검색하기 전에 표현이 강하거나 성기가 노출된 작품들은 없는지 잘 살펴봐야 한다. 어깨 너머로 들여다보며 불쾌해할 사람 없이 자유롭게 작품을 볼 수 있는 상황인지 주의해야 한다.

〈빨간 깃발〉(1971) _주디 시카고

사회에서 만나는 생리

〈월경 욕실〉(1972) _주디 시카고

〈월경을 기다리며〉(1971) _레슬리 라보위츠-스타루스

〈블러드 워크 다이어리〉(1972) _캐롤리 슈니먼

〈여자가 만드는 것What a Woman Made〉(1973) _마코 이데미츠 Mako Idemitsu

〈월경 움막Menstrual Hut〉(1996) _섀런 루버스Charon Luebbers

〈멘스트랄라〉(2000) _바네사 티그

〈아쿠아 퍼머넌스Aqua Permanens〉(2004) _칼로타 베라르Carlota Berard

〈O.B.〉(2006) _카린 프랭크Karin Frank

〈혼수품Hope Chest〉(2008) _로렐 로스Laurel Roth

〈빨강은 그 색깔이다Red is the Colour〉(2009) _잉그리드 베르톤무안Ingrid Berthon-Moine

〈생리 작품The Period Piece〉(2010) _래니 벨로소Lani Beloso

〈우멜리Ummeli〉(2011) _자넬 무홀리Zanele Muholi

〈그곳에 피가 있을지어다There Will Be Blood〉(2012) _엠마 아르비다 비스트룀Emma Arvida Byström

〈우먼스트루에이션Womanstruation〉(2012년부터 계속되는 시리즈) _존 애너John Anna

〈옷Cloths〉(2013) _카리나 우베다Carina Úbeda

〈내 정맥에는 반짝이는 것만 있지 않다I Don't Only Have Glitter In My Veins〉(2013) _조지아 깁슨Georgia Gibson

〈생리 보석과 낡은 천Period Jewelry et On The Rag〉(2015) _릴리 머피-존슨Lili Murphy-Johnson

〈생리.〉(2015) _루피 카우르

〈뷰티 인 블러드Beauty in Blood〉(2015) _젠 루이스Jen Lewis

〈월경의 세계: 우주에서 본 광경The Menstrual World: View From Space〉(2015) _페트라 폴Petra Paul

더 많이 알고 싶다면 텀블러(www.tumblr.com)나 핀터레스트(www.pinterest.co.kr)에서 키워드를 검색하라. 이 두 사이트는 그런 검색을 하기에 완벽하다(영어로 검색하는 게 더 효과적이다. mensturation/월경, menstrual art/월경 예술, period art/생리 예술, menstrual activism/월경 행동주의, period positive/생리 긍정 또는 이 용어들을 다양하게 변형해 검색해보라. 당신 앞에 열린 신세계에서 상상 이상의 경험을 하게 될 것이다).

다시 한 번 말하지만 당신이 인터넷에서 검색하는 모든 것에 포르노와 관련된 콘텐츠가 포함되어 있을 수 있으며, 생리도 예외는 아니라는 사실을 기억하기 바란다. 너무 민감한 내용이 노출되는 걸 원치 않는다면 필터를 활성화하라. 그러나 생리와 관련된 내용을 검색할 때, 외음부나 질이 나오는 이미지를 피하기는 그리 쉽지 않다. 이런 것들은 일종의 패키지라고 보면 되는데, 생리가 코에서 나오는 것은 아니니 알아서 하기 바란다. 어떤 것에 민감한지(혹은 연령)에 따라 찾고자 하는 것을 선택하라. 주변에 아이가 있거나 호기심 많은 청소년이 있다면, 약간 내용을 선별해서 아이들이 이런 콘텐츠를 보는 일이 없도록 할 수도 있다.

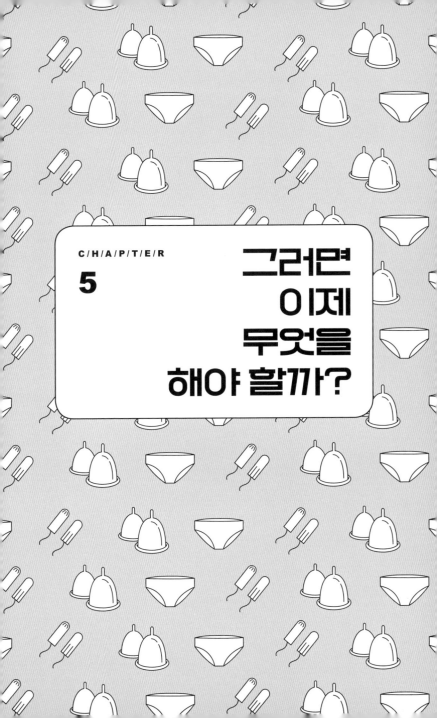

그러면 이제 무엇을 해야 할까?

세상은 앞으로 나아가고 있고, 그것은 엄연한 사실이다. 세상 만사가 그렇듯이 인간의 사고방식은 기술, 법, 풍습 등과 함께 변화한다. 전부 같은 속도로 변화하지는 않지만 그래도 앞으로 나아가고 있다.

여러분도 확실히 느꼈겠지만, 일찍이 최근만큼 생리에 대해 많이 말한 적도 없었고, 미디어에서 이 문제를 어떤 방식으로든 다루지 않기도 쉽지 않다. 이런 현상이 나타난 시기를 가늠해보자면 2015년에 있었던 '핑크 택스pink tax(같은 상품인데도 여성이 남성보다 더 많은 비용을 지불하는 현상–옮긴이)'와의 전쟁으로 거슬러 올라간다고 말할 수 있을 것이다.

2016년 1월 이전까지, 프랑스에서 생리용품에 붙은 부가가치세는 생필품에 매겨지는 세율인 5.5퍼센트가 아닌 20퍼센트였다. 메시지는 명확했다. 탐폰과 생리대는 '사치품'으로 분류

되고, 이 용품들이 생필품이라는 사실을 인정하지 않는다는 것이다. 수많은 청원과 다양한 시위들은 물론 대대적인 언론 보도가 이어졌고, 결국 상원에서 세금 인하 쪽으로 의사 표명을 하면서 의회는 1차 기각 이후 재투표를 실시해야 했다. 마침내 이 제안이 2015년 12월 승인되면서, 우리는 승리의 기둥에 스티커를 하나 더 붙일 수 있게 됐다.

점점 생리를 다룬 책들이 그 모습을 드러내고, 온전히 생리만을 다룬 방송이나 팟캐스트가 등장했으며, 생리와 관련된 모든 정책들이 새삼 거론되기 시작했다. 이렇게 점점 세상은 움직이고 전진한다. 물론 생리와 관련된 온갖 문제들의 중대함을 고려하면, 지금보다 빨리 전진하지 못한다는 점이 화가 나고 속상하다. 하지만 이제는 적어도 정체된 상태는 아니므로 그 점을 기쁘게 생각하자.

어디에서나, 전 세계적으로, 다양한 정도와 다양한 규모로 이 문제는 점점 더 많이 제기되고 있다. 왜 생리는 금기시되며, 우리는 이를 바꾸기 위해 무엇을 해야 하는가? 어떻게 하면 사람들이 두려움, 혐오감, 선입견에 의문을 갖고 맞서게 할까? 생리를 하는 사람들이 거주지, 문화, 종교, 신념에 관계없이 좀 더 편안하게 살아가도록 하려면 어떻게 해야 할까?

전 세계 모든 여성이 마땅히 동등한 기회, 동등한 선택, 동등한 배려를 누릴 수 있게 하기 위해서, 날마다 새로운 주자들이 나타나 하루라도 빨리 금기의 원인을 없애려고 노력하고 있다. 예술, 정치, 시위를 하건, 창업가 정신을 실천하건, 혹은 단순히 생리라는 단어를 입에 올리건 간에, 이 주자들은 각자 자신의 능력 범위 내에서 가장 적합한 방법을 모색함으로써 상황을 개선해나가고 있다.

예를 들어 '생리하는 남자(4장 참조)' 무루가난탐은 인도 여성들을 위해 재사용 가능한 생리대를 만들었다. 미키Miki Agrawal와 라다 아그라왈Radha Agrawal은 '팅크'라는 흡수성 생리 팬티 브랜드를 창립했으며, 이들이 내놓은 제품은 모든 종류의 평범한 생리대들을 물리칠 수 있을 만큼 획기적이다. 마리 레베야Marie Réveilhac과 노엘 파페이Noëlle Papay는 '당마퀼로트'의 창립자로, 순수하게 프랑스에서만 만드는 천생리대와 생리컵을 출시했다. 멜라니 도에르플링거Mélanie Doerflinger는 탐폰을 제조할 때 사용하는 모든 성분을 포장지에 표시하도록 탐폰 제조사에 요구하는 탄원서를 제출했다. 모델인 로렌 바서Lauren Wasser는 안타깝게도 독성쇼크증후군으로 다리를 잃었는데, 자신의 사례를 이용해 이 문제를 무대로 들고 올라갔다. 클뤼니 브라운Cluny Braun은 '클뤼의 배출Les Flux de Clu'이라는 블로그를 개설해 자신의 생리와 질의 관계를 이야기하고, 이런 문제

뿐 아니라 성생활이나 몸을 어떻게 이해해야 할지에 대해 다른 여성들과 소통하고 있다.

나는 매일 다른 사람들을 발견한다. 매주 논문이나 보고서 혹은 간단한 발표를 준비하기 위해 질문하는 학생들의 메일을 받는다. 생리에서 영감을 얻어 작품이나 보석, 옷을 만드는 예술가들을 만난다. 그리고 SNS에서 자신의 생리 일상, 생리통, 기분, 그리고 생리에 대해 자신이 나눈 대화들을 공유하는 사람들을 점점 더 많이 만난다. 자궁내막증이나 다낭성난소증후군을 앓는 사람들끼리 자신이 앓는 질병에 대해 의견을 나누고, 지원 그룹 및 단체를 만드는 것을 점점 더 많이 본다. 이런 행동들은 모두 자신의 고통을 공개하고, 다른 질병들처럼 이 질병들의 중요성을 부각시키기 위한 것이다. 예를 들어 여가수 이마니Imany는 '엔도마인드Endomind'라는 단체와 함께 작업하면서 이 문제에 대해 보다 폭넓은 소통을 하려고 노력한다.

내 블로그와 내 책은 이런 결집의 바다에서 겨우 물 한 방울에 지나지 않는다. 우리는 생각보다 그 수가 많아졌기는 하지만, 여전히 우리가 파헤쳐야 할 곳은 많고 누군가가 우리를 발견해주기를 바란다. 그러나 앞으로 우리를 무시하고 지나치기는 점점 더 어려워질 것이다. 또한 앞으로는 이전의 경험을 통해 문제를 해결할 수 없을 것이다.

우리는 앞으로 지나갈 모든 테이블 위에 우리의 생리, 질, 자궁을 올려놓을 것이다. 이런 행동이 더는 전투적이고 급진적이고 선동적이며, 충격적이고 전에 없던 활동으로 여겨지지 않을 때까지 말이다. 우리는 난생처음 우리의 사생활을 드러낼 것이다. 여자들의 벌거벗은 몸에 열광하는 사람들에게 우리 몸은 그들의 쾌락을 충족시키는 수단이 아니고 욕망의 대상도 아니라는 사실을 깨우쳐주기 위해 가능한 한 모든 일을 할 것이다. 우리는 이 문제에 대해서, 그리고 "아니!!! 난 알고 싶지 않아, 절대로!!!"라고 소리 지르며 귀를 막아버리고 싶게 만드는 것들에 대해서, 당신이 우리 말을 듣는 것 말고 다른 선택이 없을 때까지 그리고 그 때문에 더 이상 당신이 불편해하는 일이 없을 때까지 아주 구체적으로 이야기할 것이다.

우리는 금기라는 단어가 더는 생리 같은 신체 기능에 적용되지 않을 때까지, 그것이 더는 아무에게도 피해를 주지 않을 때까지, 그리고 누구도 고립시키지 않고 그 누구도 난처하게 만들지 않을 때까지 우리 앞에 놓인 모든 기회를 활용할 것이다.

그러려면 생리에 대해 자꾸자꾸 말해야 한다. 말할 소재들은 많으니 어렵지 않을 것이다. 이 책이 그 증거다. 그렇지 않은가?

생리에 대해 이야기하는 것이 중요한 이유

그냥 생리를 이야기하는 것과 '나의' 생리를 이야기하는 것이 어떤 차이가 있는지 알아야 한다. 반드시 수치심을 감내하고 사생활을 까발려야만 금기를 없앨 수 있는 것은 아니다. 이 문제를 좀 더 자주, 좀 더 자유롭게 다루어야 한다는 주장은 생리를 하는 여성들이 매달, 매일 생리혈의 색깔, 농도, 냄새의 관찰일지를 작성해 자신의 생리에 대한 모든 세부사항을 제공해주길 기대한다는 말이 아니다.

이런 세부사항을 공유하는 것이 불편하다면, 당연히 당신의 수치심은 존중받아야 한다. 당신이 다른 사람에게 사생활을 시시콜콜 말하고 공유하는 과정을 거쳐야 속이 편해진다고 해서, 혼자 간직하는 편을 선호하는 사람들을 감히 비난하거나 인상 쓰고 화를 낼 수는 없다. 그 대신 그런 사람들에게는 생리를 언급할 때 더 이상 판단을 하거나 불평하지 말라고 요구하면 된다.

생리를 일상의 평범한 대화로 끌어들이고, 특히 절대 들어서는 안 될 국가 기밀인 양 취급하는 일을 멈추려면 어떻게 해야 할까? 대답은 간단하다. 생리에 대해 말하는 것, 그것이 전부다. 더 이상 숨기지 않고, 은유를 사용하지 않으며, 생리를 한다는 표시를 할 때 속삭이거나 수치스러워하며 얼굴을 붉히지 않는 것이다. 이렇게만 해도 이미 시작한 것이나 다름없다. 그리고 쉽게 말하는 법을 배워야 한다. "나 생리해"라고 말하기가 모두에게 쉬운 일은 아니기 때문이다. 나 역시 "컨디션이 안 좋아"라고 말하지 않기까지 몇 년이 걸렸다.

소위 월경 운동이라 부르는 것에 발을 들여놓기 전에도, 또 그런 게 존재한다는 걸 알기 전에도, 나는 주변 사람들에게 조금씩 그런 이야기를 해왔다. 테라스에 앉아 있거나, 늦은 저녁 여자 친구들과 이런저런 이야기를 나누다가 말이다. 처음에는 누군가 생리를 시작했다거나 생리가 늦어진다거나 하는 이야기로 시작해 점점 말이 길어졌다. 우리는 고통, 피임, 생리대, 배변 문제 등에 대해서 이야기를 나누었다.

동시에 우리는 시시콜콜한 얘기까지 주절댔다. 양떼를 돌보려면 언제나 양치기가 있어야 한다. 양치기는 대화를 더 멀리까지 끌어가고, 핵심에서 벗어나지 않도록 오솔길을 벗어난 양들을 단호하게 다시 데려오고, 침묵이 흐르지 않게 할 자신이 있는 사람이어야 한다. 양치기는 질문을 하고 사람들이 답을 할 수 있게끔 분위기를 이끌어야 한다. 누구에게도 무례하게 굴지 않아야 한다는 건 말할 필요도 없다.

개인적인 모임에서는 더 쉽다. 모든 대화들이 비밀스럽게

　　　　　　　　그러면 이제 무엇을 해야 할까?

오가기 때문에, 어릴 적이나 사춘기 시절 파자마 파티를 하는 것 같다고 생각한다. 모두가 공유하고, 감탄하고, 놀라고, 무서워한다. 질문을 하고, 서로를 믿어주고, 다른 때는 말하지 않았던 것을 털어놓을 만큼 충분히 신뢰감을 느낄 때, 이런 기회를 잘 이용해 수많은 주제들을 자유롭게 풀어놓아야 한다. 작은 모임에서 생리를 말할 때는 이 순간을 잘 활용할 수 있도록 발언 시간과 공간을 확보해야 한다. 이것이 첫 번째 단계이며, 그 다음에는 더 포괄적인 선전활동을 펼치고, 나아가 크리스마스 저녁식사에서 이 주제를 꺼내는 것이다(개인적으로 그렇게 해본 적은 없지만 은근히 꿈꾸고 있다).

바로 이런 자리에서 생리에 대해 가장 많이 배울 수 있는데, 이 문제를 아무리 세세하게 공부해봐야 결국 모든 게 이론일 뿐이기 때문이다. 다른 사람의 경험담을 읽는 것도 좋긴 하지만, 그 경험을 전적으로 중시하기에는 저자와 독자의 괴리감이 너무 크다. 그러나 테이블 주변에 모여 앉았을 때는 더 많은 것을 배울 수 있고, 특히 부실한 정보 때문에 좌절할 일 없이 바로 질문을 던질 수 있다.

예를 들어 나는 오랫동안 생리 스펀지가 있다는 사실을 알았고, 써본 사람의 경험담도 읽은 적이 있었다. 그런데 이런 자리에서는 생리 스펀지를 먼저 써본 친구에게 내가 원하는 만

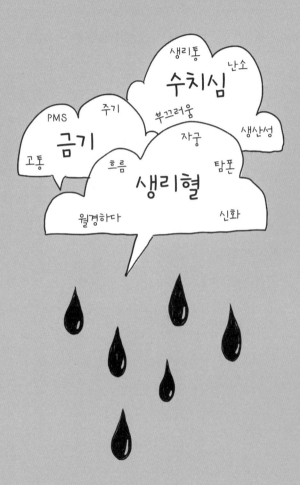

큼 편하게 질문할 수 있다는 점이 너무 좋았다. 결국 이 질문들 덕분에 아마도 언젠가는 생리 스펀지를 써봐야겠다는 동기를 얻었던 것 같다(이 책을 쓰고 있는 동안에도 아직 써보지 않았지만 여전히 희망을 버리지 않았다). 서로 다른 이야기를 했지만 결국 같은 경험으로 모아지기도 했다. 이런 교환망은 우리에게 언제나 소중하며, 모든 것을 공유하면 최대한의 정보를 확보할 수 있기 때문에 시작할 때 도움을 받을 수 있다.

망설이지 말고 당신의 에피소드를 이야기하고, 다른 사람에게도 그 사람의 에피소드를 이야기해달라고 말하라. 생리혈이 샜던 가장 최악의 경험은 언제였나? 얼마나 많은 속옷에 피를 묻혀 저세상으로 보냈나? 생리하는 동안 어떤 속옷을 입는가? 다른 사람 몸에 당신의 생리혈이 묻은 걸 본 적이 있는가? 생리대가 없었을 때 어떤 묘책을 사용해봤나?

여러 이야기와 수많은 질문에서 우리는 끊임없이 배우고, 웃고, 놀라면서 몇 시간이고 그 이야기를 할 수 있다. 생리에 대해 더 많이 말할수록 생리는 평범한 것이 되고, 진부하고 일상적인 것이 된다. 이상적인 세계에서라면 모든 게 그렇게 되어야 한다(곧 그렇게 되기를 희망한다). 모든 신체 기능들은 좋은 고백거리가 된다. 그리고 우리는 언제나 그것을 웃어넘길 방법과, 불합리한 것에서 스스로 벗어날 방법을 찾을 수 있다. 모욕적인 순간이 될 수 있었을 그 기억은, 이런 대화들을 통해 친구들을 눈물 나도록 웃게 하고 다른 모든 일이 심각해 보이지 않게 하는 대단한 이야기로 승화될 수 있다.

생리와 직접 관련이 없는 사람들 혹은 생리를 여전히 숨겨야 할 무언가로 생각하는 사람들은, 자신의 선입견을 넘어서는 방법과 그런 상황을 접했을 때 즉각적인 반응을 자제하는 방법을 배우는 것이 중요하다. 혐오스러운 태도를 취하지 말고, 그런 말을 하는 사람을 비웃지 말고, 빨리 주제를 바꾸지 않으면 가버리겠다고 윽박지르면서 귀를 틀어막지 마라. 오히려 스스로에게 이런 주제가 왜 그렇게 불편한지 물어라.

생리라는 주제에서 당신을 그토록 움찔하게 하는 것은 무엇이며, 무슨 생각을 하길래 그렇게 눈살을 찌푸리는가? 그런 이야기를 하는 사람들에게 입 다물라고 말할 수 있는 자신감은 어디서 왔으며, 당신에게 그런 힘이 있다고 어떻게 증명할 것인가?

물론 그렇다고 당신이 나쁜 사람은 아니다. 당신은 대개 무의식적으로, 지금껏 그렇게 행동하라고 가르친 교육과 사회적 환경의 희생양일 뿐이다. 아주 어릴 적부터 생리는 더럽고 혐오스럽고 수치스러운 것이라는 말(어떤 종교적 환경, 어쩌면 성서나 조상 대대로 내려오는 전통이 정당화해온 주장들을 제외하고)을 반복적으로 들어온 것이 아니라 해도, 당신은 당신의 의사와 관계없이 이런 사고방식에 젖어 있는 것이다.

그러나 운 좋게도 우리는 지속적으로 자신에게 도전하고, 진화하고, 자신의 신념을 뛰어넘을 수 있는 존재다. 이렇게 강력한 능력을 착실하게 이용하지 않는다면 정말 안타까운 일일 것이다. 특히나 전 세계 인구의 절반과 직접적으로 관련이 있고 누구도 피할 수 없는 생리와 같은 주제들에 대해서 말이다. 참, 덧붙이자면 생리는 생명을 탄생시키기도 한다. 생리가 없었다면 우리는 존재하지도 않았을 텐데, 그런 신체 기능 때문에 거칠게 내쫓긴다는 건 잠시만 생각해봐도 기가 차게 모순적이다.

그러나 생리를 적대시하는 사람들에게 우리의 수치심은 당신들 탓이라고 해봐야 무슨 소용이겠는가. 여전히 생리를 평범하고 자연스러우며 금기가 아닌 것으로 받아들이는 데 필요한 방법을 모색하지 않는 사람들을 죄다 거부하자는 게 아니며, 그들을 비난하자는 것도 아니다. 당신이 그런 사람이라 해도, 당신에게 속죄의 고행으로서 얼굴에 생리혈을 처바르고 "나는 나쁜 인간입니다"라고 수없이 반복하며 채찍질을 하라고 시키는 일은 없을 것이다(그러고 싶은 마음이 살짝 든다 해도 이해한다. 하지만 예의를 지키자).

나는 요즘 생리에 대해 이야기할 때 속삭이거나 침묵하지 않는다. 듣기가 영 거북하다면, 고민해야 할 사람은 내가 아니라 당신이다. 나는 이 모든 난장판을 해결하기 위해, 문제를 더 명확히 보기 위해, 그리고 상대방에게 내가 자유롭고 공개적으로 말하는 것이 왜 중요하다고 생각하는지를 이해시키기 위해 이 문제를 가지고 토론을 벌일 수 있다고 생각하면 늘 기분이 좋다.

여전히 내 주변에는 내가 생리나 질 이야기를 꺼내면 얼굴을 찡그리는 사람들이 있지만, 이제 그것은 거의 하나의 놀이가 되었다. 내가 이런 얘기를 일부러 크게 떠들어대면 그들은 화를 내거나 분노를 표출하고, 우리는 그들을 놀린다. 솔직히 이제는 그게 예전만큼 그들에게 혐오감을 주지 않고, 그들도 점점 이것을 정상적으로 여기는 것 같다고 확신한다. 어쨌든 확실한 건 그들이 이제 더는 내 입을 막으려고 하지 않는다는 점이다. 특히 자신의 관점과 개인적 경험들을 공유하기 위해 즐겁게 대화에 합류하는 사람들이 늘어나면서 더 그런 것 같다.

모든 것을 통째로 거부하기보다는 이런 대화를 하나의 기회로 삼는 편이 더 좋을 것 같다. 분위기를 망치거나 조심성 없어 보일 염려 없이 모든 질문을 할 수 있는 기회 말이다. 주제는 저기에 놓여 있고, 당신이 끼어들기만을 기다리고 있다.

그러면 이제 무엇을 해야 할까?

대체로 사람들은 그런 문제에 답해줄 수 있다는 사실을 기쁘게 생각하고, 이제는 아주 사적인 모임(대개 생리하는 사람들끼리만 만나는) 밖에서도 기꺼이 그런 이야기를 들어준다.

그것은 놀라운 기회이기도 하다. 나는 터놓고 생리를 이야기하면서 친구들에 대해 엄청난 사실들을 알게 되었다. 아주 개방적인 사람이라고 생각했던 사람도, 예상과는 달리 항상 개방적인 건 아니었다. 게다가 이제는 생리가 미디어에 정식으로 등장하기 때문에 매우 다양한 각도에서 생리를 다룰 기회가 더 많아졌다. 따라서 온 세상을 대상으로 소소한 사생활을 늘어놓을 필요는 없다. 단순히 미디어에서 본 내용을 말할 수도 있고, 필요하다면 수치심을 느끼지 않을 만큼 충분히 거리를 유지하면서 토론할 수도 있다.

당신이 성인이라면, 그리고 성격이 개방적이고 이런 대화를 시작할 수 있는 사람들과 함께 있다면 더 쉬울 것이다. 대화 상대가 청소년이나 어린아이라면 문제는 조금 복잡해진다. 그들에게는 궁금한 게 너무 많고, 이 궁금증은 대개 풀리지 않은 채 남아 있다가 현실과 동떨어진 환상으로 이어질 수 있기 때문이다. 현실은 훨씬 덜 두려운데도 말이다.

상상력에 더 많은 공간을 남겨둘수록 그 상상력은 더 많이 표현되고 확장될 것이다. 우리가 생리를 오로지 신비롭고, 비밀스럽고, 어쩌면 혐오감을 불러일으킬 수 있는 것으로만 본다면 상상력이 극에 달해 최악의 상황을 보여줄 것이다. 생리를 하는 사람들의 경우 생리를 시작하면서 의심이 사라질 수 있고, 생리를 시작했다고 해서 세상이 끝나진 않는다는 걸 확인할 수 있으며, 피가 둑이 터진 강물처럼 계속 나오지 않는다는 것도 알 수 있다. 그러나 자궁이 없는 사람들은 무슨 일이 일어나는지 그저 상상밖에 할 수 없기 때문에 이런 이야기를 하기가 훨씬 어렵다.

게다가 소녀들은 어떻게 그런 일이 일어나는지 알지도 못하고 상상할 수도 없으므로 대부분 몰래 만나고, 목소리를 낮추며, 자기들끼리 이해할 수 있는 암호나 시선을 사용한다. 물론 거기에 매력적인 점도 있다. 그러나 이런 이야기를 하기 적합한 분위기에서 자란다면, 비염 증상이나 새로운 장난감 다루듯 생리에 대해 이야기한다면, 알 속에 든 금기가 깨지고 두 세대 안에 사라질 것이다.

요즘에도 전 세계 소녀들은 이런 금기가 존재하는 환경에서 성장하고 있고, 아주 이른 나이부터 자기 몸의 이런 기능을 숨기는 법을 배운다. 특히 남자아이들에게 말이다. 그들이 알면 자기들을 역겨워하고 도망갈까 봐 그러는 것이다. 한 소녀에게, 남자아이들의 관심을 받지 못하는 것보다 더 나쁜 일이

그러면 이제 무엇을 해야 할까?

어디 있겠는가? 두말하면 잔소리다.

생리를 한다는 건 대단한 일이다. 또한 중요한 일이다. 그것은 삶 전체이며, 한순간에 한 사람의 정체성이 완전히 뒤바뀌는 것이다. 우리는 이런 생각을 하며 성장한다. 그러나 어떻게 교육을 받아왔건 사회는 다음과 같은 이미지만을 전달할 뿐이다. 생리를 하면 모든 것이 변한다. 어른이 된다는 뜻이지만 동시에 부정해진다는 것이고, 여자가 된다는 뜻이지만 동시에 더럽고 예측 불가능한 존재가 된다는 것이다.

생리는 가장 예상치 못했던 순간에 터질 위험이 있는 시한폭탄을 허벅지 사이에 설치해놓은 것이나 다름없다. 게다가 이 시한폭탄은 매달 작동된다. 생리는 고통이며, 침묵 속에서 겪어야 하는 고통이다. "생리통이 있어요"라는 핑계를 대며 어떤 일을 해내지 못하는 것(예를 들면 결석)을 누구도 용납하지 않기 때문이다. 생리가 수업에 빠지는 구실이 될 수 있는 경우는 체육시간뿐이고, 어쨌든 나머지 시간에는 억지로 수업을 들어야 한다.

그러나 이런 모든 일은 우리가 생리에 대해 충분히 말하지 않은 탓에 생긴 것이다. 특히 아이들이 일반적으로 가장 먼저 정보를 얻을 수 있는 가정이나 가까운 주변 사람들은 물론, 학교에서, 책에서, 텔레비전에서, 영화에서도 생리에 대해 충분히 이야기하지 않은 탓이다. 그래서 우리는 아주 일찍부터 생리가 왜 비밀이 되어야 하는지를 이해하게 되는 것이다. 안타깝게도 남자아이 앞에서 이 문제에 맞닥뜨렸을 때, 이 남자아이는 별 거리낌 없이 혐오감을 표현하겠지만 누군가에게는 이런 기억이 상처로 남아 죽을 때까지 되살아난다.

다른 사람을 모욕하는 수단으로 생리가 흔하게 사용된다는 사실 또한 다들 잘 알고 있을 것이다. 어떤 소녀(또는 성인 여성)가 자신의 불만을 표현하는 안타까운 상황이 벌어지면 사람들은 "너 생리하니?"라고 소리칠 것이다. 십 대 소녀의 옷에 피가 묻은 게 보였다면 남들 다 듣게 그 사실을 알려주고, 가능한 한 오래 이 사건이 기억나게 해주는 것도 잊지 않을 것이다. 상황이 이러하니, 당연히 이런 얘기는 하고 싶지도 않을 것이고, 다른 사람들과 교류하는 것도 되도록 피하고 싶을 것이다. 닌자의 기술이라도 연마해서 생리를 은폐하고 싶을 테니까.

이런 악순환을 끊어버리려면 아주 어릴 때부터 모든 상황에서 커뮤니케이션을 하는 수밖에 없다. 다소 이르다 싶을 때부터 남학생들에게 생리가 무엇인지, 그걸 가지고 여자아이들을 놀리면 왜 안 되는지를 알려줘야 한다. 그리고 소녀들에게는 그들의 몸이 올바르게 기능하는 것이므로 더럽거나 열등하다고 생각할 필요가 없다고 가르쳐야 한다. 소녀들에게 자기 몸이 하는 소리를 듣고, 관찰하고(전문가에게 진찰받고), 건강의 적신호를 식별하는 법을 알려준다면, 아마도 자궁과 관련해 발생할 수 있는 질병 문제를 줄여나갈 수 있을 것이다. 또한 생리로 인한 고통과 그 영향을 과소평가하거나, 그것을 무기 삼아 여성을 공격하는 일도 사라질 것이다.

나는 당신을 모른다. 그러나 나에 대해서는, '나'라는 세계에 대해서는 잘 안다. 그 세계에서 나는 작은 꿈을 꿀 수 있다. 그 세계를 통해 어떤 상황을 개선하기가 얼마나 쉬운지를 알고 나니 약간 서글픈 생각이 들었지만, 그래도 나는 계속 노를 저을 것이다. 현재 내가 이 책을 쓸 수 있다는 사실은 앞으로 나아가고 있고, 더 나은 방법이 있음을 증명한다. 그러나 우리 아이들의 삶을 좀 더 즐겁게 만들어주는 데 잠시만 여유를 내어준다면 훨씬 더 빨리 나아갈 수 있다. 아이들은 자신의 몸이 쉬지 않고 변화하는 모습을 보면서 안 그래도 걱정이 태산 같은 상황이기 때문이다.

최선의 대응은 바로 어린애다운 솔직함이다. 모든 열쇠는 거기에 있다. 과감하게 결정을 내리고, 두세 가지 질문을 하고, 다른 사람들이 하는 말을 몸을 돌려 듣기만 하면 된다. 뭣 때문에 그렇게 마음을 꽁꽁 싸매는가? 왜 그렇게 반항적인가?

뭐가 그렇게 두려운가? 대화할 때 다른 사생활 얘기는 주저 없이 잘도 늘어놓으면서, 왜 생리에 대해 얘기만 했다 하면 그것을 '사생활'의 영역으로 돌려보내지 못해 안달을 하는가? 그러니 이제는 우리 모두의 존재의 근원이기도 한 이 신체 현상에 대해 두려움을 버리자.

지금은 생리를, 특히 생리를 하는 사람들을 존경스럽게 대우할 때이고, 그들은 존경받을 자격이 있다.

그러면 이제 무엇을 해야 할까?

감사의 말

엄마께 고마움을 전한다. 엄마가 생리를 하지 않았다면 나는 여기에 없었을 테니까. 그리고 내가 상상할 수 있는 최고의 엄마여서, 금기 없이 나를 키워줘서, 내 호기심을 북돋아줘서, 내 모든 질문에 답해줘서 깊이 감사한다.

뤼시앵Lucien에게 고마움을 전한다. 무조건적인 지지를 보내주고 세심하게 귀 기울여주고, 그리고 무엇보다 그의 사랑에 대해서 감사한다. 내 감정을 내지르는 걸 한결같이 들어준 클리트 클리크Clit Clique에 고마움을 전한다. 물론 끝내주는 삽화를 그려준 아들린Adeline에게도 감사한다.

크리스토프 압시Christophe Absi의 신뢰와, 클레르 르 멘Claire Le Menn의 탁월한 제안과, 평생의 내 꿈(고작 그것뿐)을 실현시켜준 플라마리옹 출판사 모든 식구들에게도 감사를 전한다.

코테 카날Côté Canal 카페의 모든 식구들에게도 감사한다. 먹여주고 물을 주고, 내가 열심히 일하는지 가까이서 지켜봐준

이들은 나에게는 두 번째 가족이나 다름없다.

지난 세월 동안 나를 따라준 모든 사람들에게 감사한다. 몇 달 며칠 동안 그들은 나에게 정보를 보내주고, 지속적으로 관계를 맺었으며, 무례한 질문에도 성실하게 답해주었고, 내가 작업하는 내내 아무런 금기 없는 증언으로 나를 도와주었다. "당신이 없었다면 나는 아무것도 아닙니다"라는 글귀보다 더 진부한 말도 없겠지만, 여러분이 없었다면 나는 정말로 지금 여기에 있을 수 없을 것이고, 여러분에게 많은 것을 빚지고 있다. 이 책은 여러분을 위한 것이고, 이 책이 당신의 헌신을 후회하게 만들지 않기만을 바란다.

여러 가지로 나를 걱정해준 모든 분들께 감사한다. 내 의심과 번민에도 불구하고, 내가 날아오르려 할 때는 땅에 발을 디딜 수 있도록, 내가 망설일 때는 단단히 딛고 일어설 수 있도록 끊임없이 나를 격려해준 분들이다.

몇 년 동안 내가 생리 이야기를 할 때 들어준 모든 친구들에게도 감사한다. 그들의 진한 에피소드와 질펀한 농담이 내 우주를 풍성하게 해주었다. 그래서 내가 너희들을 사랑해.

그리고 물론, 내 생리에도 감사한다. 생리에 영광이 있기를!

우리의 새빨간 비밀

2019년 3월 18일 초판 1쇄 인쇄
2019년 3월 25일 초판 1쇄 발행

지은이 | 잭 파커
옮긴이 | 조민영
발행인 | 이원주
책임편집 | 최안나
책임마케팅 | 문무현

발행처 | (주)시공사
출판등록 | 1989년 5월 10일(제3-248호)

주소 | 서울시 서초구 사임당로 82(우편번호 06641)
전화 | 편집(02)2046-2861·마케팅(02)2046-2894
팩스 | 편집·마케팅(02)585-1755
홈페이지 | www.sigongsa.com

ISBN 978-89-527-9834-3 03300

이 도서의 국립중앙도서관 출판예정도서목록(CIP)은 서지정보유통지원시스템 홈
페이지(http://seoji.nl.go.kr)와 국가자료공동목록시스템(http://www.nl.go.kr/
kolisnet)에서 이용하실 수 있습니다.(CIP제어번호: CIP2019007187)